公司股权杠杆战略

股权架构设计与股权激励实战

陈 元　王 坤 ｜ 主编

王以菲　夏 冉 ｜ 副主编

中国法制出版社
CHINA LEGAL PUBLISHING HOUSE

编委会成员

主 编

陈 元　王 坤

副主编

王以菲　夏 冉

其他编写成员

方思琦　王 丽　杨培培
严 妍　唐世宣　贾亚亚

前言：公司和股权如何彰显应有的力量？

公司是一种组织，有时也是一种文化，或是一种制度。在不同国家的政治、经济、风土人情中，公司甚至呈现出不同的形态。

在早期社会，它不仅可以定义为人与人之间的秩序，甚至可以定义为国与国之间竞争的规则。早在古罗马和中世纪的西欧，贸易需求就催生了一些民间性的企业组织。对于现代公司的起源，有不同说法。不过，一般认为，伴随着十六、十七世纪商品贸易，早期现代公司除了生产和贸易功能，还承担着对外征服、统治、宣战、媾和，甚至组建军队和发行货币的职责。从某种程度上来说，它们名为公司，实则体现了当时西欧新兴国家的商业和利益竞争。

19世纪末，我国晚清出使英、法、意、比四国大臣薛福成曾这样评价公司的威力："尽其能事，移山可也，填海可也，驱驾风电，制御水火，亦可也。西洋诸国，所以横绝四海，莫之能御者，其不以此也哉。"公司之所以能产生那么大的影响，关键在于与其相伴的企业家精神，不断提高市场经济的生产力，解放个人的创造力，进而促进国家的富强。

随着时代和经济的发展，现代的企业家和公司所处的行业、商业模式、所解决的市场痛点发生了很大的变化，但是他们也肩负着推动经济发展、科技进步，以及提升国家综合实力的使命。诚然，能够真正做到上述使命的企业家和公司是少数，他们是历史和商业长河中璀璨的珍珠。对于相对没有那么耀眼的企业家和公司，我们同样应当心怀敬意，因为他们创造利润，也一起担负起解决就业、纳税、社会资源再分配、环境保护等社会责任。

对于绝大多数企业家来说，除承担社会责任外，他们还需要思考：如何管理日益庞大的企业；如何进行经营权和所有权的分配；如何平衡个人利益与集体利益；如何进行企业的传承；……这些问题对于公司的长远发展至关重要。解决这些问题，离不开公司治理，即一套关于公司控制权配置的制度性安排，而股权架构又是公司治理的基础，它影响股东权利范围、股权集中程度、公司的实际控制人，影响股东行使权力的方式和程序，进而对公司治理模式的形成、运作及效果产生影响。股权架构的合理设计对公司发展尤为重要，不合理的设计会成为创业路上隐形的风险，一旦风险爆发，威力不小。

在初创阶段，公司股权架构设置不合理造成不良影响的有很多前车之鉴，而充分利用股权架构优势锦上添花最终缔造商业版图的案例也很多。好的股权架构能够凝聚人心，使公司蓬勃发展。相反，不合理的股权架构亦能成为公司走向衰亡的导火索。

在发展阶段，公司一方面需要留住核心骨干老员工、吸纳优秀新员工，另一方面需要与生态链上的合作伙伴更进一步绑定合作，企业家很容易想到用股权去激励，通过不同模式的股权、期权授予，激励核心员工和合作伙伴，大家同心协力将公司做大做强。公司还需要投入更多的资金去研发技术、打通渠道、趁着行业窗口期快速扩大规模，提高品牌知名度和市场占有份额，早日把公司做大做强。在公司自身的营收能力和企业家的自有资金不够用的情况下，企业家可以用股权去融资，以股权作为交换筹码去吸引看好公司未来发展前景的投资人。企业家和公司借助投资人的资金、行业资源和经验、品牌背书更好地经营公司，以实现股权价值节节攀升的双赢。

在成熟阶段，在企业家和高管团队多年的经营下，公司逐渐被市场和消费者所认可，产品形成良好的口碑，有些企业家们开始思考收购产业链上的其他公司，打造生态链、形成资源矩阵、降低综合成本；有些企业家开始思考财富传承，如何守住财富造福家族后代。而对于那些各项财务指标已达到多层级资本市场要求的公司，企业家们开始规划企业上市，从一家有限公司变成公众公司，利用金融工具持续性完成融资和其他资本运作，实现更远大的商业抱负和个人财富积累。

从初创、发展、成熟各个阶段，公司的股权架构、股权激励、股权融资、并购、财富传承、资本市场各个环节，股权都是无法回避的话题。运用得当，股权就是杠杆，加速创业过程，放大财富；处理不当，股权就是坑，是陷阱，是泥潭，也会是炸弹。

我们写这本书的初衷，是想把我们在做股权咨询、实操项目中积累的经验，涵盖公司从设立到注销整个阶段都可能碰到的股权话题，再结合具体的案例场景呈现给各位企业家，当你们遇到类似问题时，可以取其精华，弃其糟粕，以更好地规划公司股权，充分合理运用股权，成就商业梦想。

如果本书能对您有一点点启发，我们会非常欣慰，欢迎各位朋友对本书的内容进行交流和指正。

陈元　王坤　夏冉

目 录

第一章 创业路上须面对的股权挑战 ……………………………… 001

　　一、股权架构设计 / 002

　　二、创始股东的股权动态分配 / 004

　　三、股权激励 / 005

　　四、生态股权整合 / 007

　　五、股权融资 / 008

　　六、内部创业股权 / 009

　　七、股权并购 / 010

　　八、家族股权顶层设计 / 011

第二章 股权顶层设计"433框架" ……………………………… 013

　　一、第一模块：4层——自上而下的股权布局与框架 / 014

　　二、第二模块：3股——回归股权的本质，区分来源，定规定条件 / 016

　　三、第三模块：3体——顺应人性，区分需求，定向驱动 / 018

　　四、股权顶层设计"433框架"名企案例 / 020

　　五、股权架构优化的四个最佳时机 / 021

第三章 创始股东股权分配 ……………………………… 024

　　一、不当的股权分配，让企业从风光无限走向衰败没落 / 024

　　二、股权结构调整，助力企业融资千万元 / 028

三、创始人股权分配的思考与建议 / 032

第四章 核心员工股权激励 ················· 051

一、与企业战略目标相匹配的股权激励才是真正的激励 / 051

二、股权激励效果不好？很可能少了关键三步 / 061

三、股权激励思考与总结 / 064

第五章 生态股权整合 ····················· 072

一、生态链合伙模式成为企业管理新思维 / 072

二、连锁企业如何用股权进行裂变 / 076

三、设计生态链合伙模式的注意事项及实操指南 / 083

四、实操案例：产业互联网公司利用内、外合伙人制度提升品牌效能、实现效益倍增 / 087

第六章 企业股权融资 ····················· 093

一、投融资协议中的"对赌"风险 / 093

二、企业为顺利融资应当作好哪些准备 / 097

第七章 内部创业股权设计 ················· 110

一、内部孵化机制成就企业 / 110

二、如何设计内部创业的激励机制 / 116

第八章 股权并购 ························· 122

一、资本市场中恶意并购与反并购的经典博弈 / 122

二、股权并购项目中的尽职调查 / 126

第九章　家族企业股权顶层设计与财富传承 …………………… 133

一、家族企业经营，如何规避股东个人风险 / 134

二、如何分设"钱袋子"让家族企业成员利益平衡 / 140

三、家族企业股权顶层设计与财富传承的思考和建议 / 142

第十章　股东冲突实务及解决机制 ………………………………… 147

一、股东纠纷的危害 / 147

二、股东冲突的常见类型 / 150

三、股东冲突的解决机制 / 159

附件一　非上市公司股权激励常见争议及解决 …………………… 163

附件二　股权融资常见争议及解决研究报告 ……………………… 188

附件三　上市公司股权激励管理办法 ……………………………… 203

附件四　非上市公众公司监管指引第 6 号 ………………………… 221

后记：民营企业如何有效实施股权激励？ ………………………… 231

第一章　创业路上须面对的股权挑战

股权问题一般很常见，且基本贯穿于创业过程的始终。如果处理不好股权问题，那么它将是创业路上"剪不断、理还乱"的麻烦。现实生活中，有很多企业的股权架构存在一定的问题，如果处理不好，可能会导致企业"车毁人亡"。

股权事关公司治理、战略决策、经营管理，且涉及所有股东、核心员工、相关利益方的切身利益。所以，合伙创业的第一天就应该重视股权架构设计问题。随着公司的发展壮大，公司内外部很容易发生利益分配冲突，这是考验一家初创公司的严峻时刻，如果事先合理设计股权架构和控制机制，那么其可在危急时刻成为解救公司的秘密"武器"。

对创业者而言，如果成功了，所有过程与素材都将是事业有成的"故事"；而失败了，那么所有过程与素材都将成为"事故"。股权是创业路上无法回避的话题——运用得当，股权就是杠杆，加速创业过程，放大财富；处理不当，股权就是坑，是陷阱，是泥潭，是雷，是炸弹……

如果股权架构没有设计好，前面所有的努力都将功亏一篑。其实，也很好理解。一个事情解决不了，它就是问题、难题、困难；解决了，就向前推进一步，成了动力、资源。

下面，我们来看下，你在创业路上大概率会碰到的那些股权问题，具体如图1-1所示。

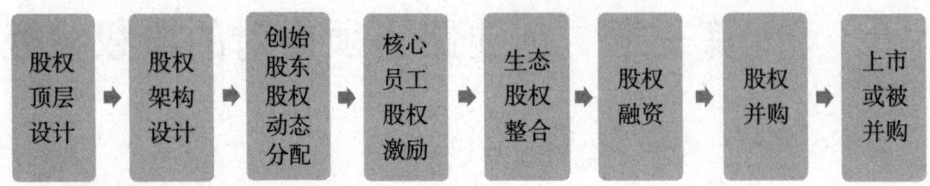

图1-1 创业路上面临的股权挑战

一、股权架构设计

股权架构设计,是创业第一步就要考虑但通常被忽视的问题。很多企业因股权架构设计不当,埋下隐患,引发一系列的后续问题。

(一)企业做大了,创始人却失去了对企业的控制权

"孩子养大了,被别人抱走了。"初期不懂股权,做大了却失去了控制权。例如,当初的电商公司1号店,创始团队早期便失去了对公司的控制权。由于股权顶层设计不合理,倒在半路上的创业公司不在少数。

(二)合伙人内耗、内斗

俗话说得好,没有规则的"哥们式"合伙的后果,就是"仇人式"散伙。例如,A企业的合伙人因股权走到僵局,最终对簿公堂。B企业的两股东内斗,最终其中一股东入狱。可见,无论是谁赢得了这些股权战争的胜利,都严重影响了公司的正常发展,甚至导致公司走向解体。

(三)制约资源整合

企业在发展过程中,往往需要充分发挥股权的杠杆作用,进行股权融资、股权激励、股权并购。

无论是创始人之间的股权分配还是面向更多中高层、员工的股权激励，都是通过股权吸引人才和资源；合理的股权架构、激励机制往往又是投资人决定是否投资一家企业重要的考量因素。当然，投资人所占到的股权比重过大，甚至超过了创始团队，在公司经营中过多干预，也势必影响后轮融资和企业长期、稳定的发展。

因此，如果股权架构和公司治理不合理、不科学，则难以发挥股权的杠杆作用，严重制约企业整合资源。而整合人、财、物的能力，从根本上影响了企业的发展。

早期创业公司的股权架构设计主要涉及两个本质问题：一是如何利用一个合理的股权架构设计保证创始人对公司的控制力；二是通过股权架构设计以股权为杠杆帮助公司获取更多的资源，包括找到有实力的合伙人、投资人和资源。

拟上市公司的股权结构一般有如下三个利处：一是有利于拟上市企业的创始人/控股股东有效地控制公司；二是有利于得到资本市场的认可；三是有利于拟上市企业成功过会。

众多创业者从合伙创业的第一天起，就纠结于股权的架构设计与分配，陷入股权的旋涡。在对千余家创业者的股权培训、咨询和落地辅导过程中，我们总结出最常见的10大缺陷，称之为股权架构的"10大坑"。"坑"是形象的描述，是指在股权架构设计方面常见的错误、需要特别注意的问题。稍不注意，你就可能掉进这个"坑"里。如果你真正清楚这些问题，就完全可以绕过这些坑。下表按股权危机指数（危险程度）、纠错成本指数（代价大小），将"10大坑"从高到低排序。大家可以先对照自己公司的股权架构做个自检，根据问题勾选"是"或者"否"，如果各位勾选的答案与下表中的勾选不一致，代表在这个问题上踩了坑。可以统计下是否有踩坑、踩了几个坑，具体如表1-1所示。

表 1-1　股权架构常见的坑自检表

序号	股权架构常见的坑	是（打√）	否（打√）	股权危险指数	股权纠错成本指数
1	股权架构中，是否有名副其实的老大？	√		★★★★★	★★★★★
2	创始团队是否完全按照出资比例分配股权？		√	★★★★	★★★
3	是否签署书面的合伙人股权分配协议？	√		★★★★	★★★
4	创业合伙人的股权是否有退出机制？	√		★★★★	★★★
5	外部投资人是否控股？		√	★★★	★★★★★
6	是否给兼职人员发放大量股权（5%以上）？		√	★★★	★★★
7	是否给短期资源承诺者发放大量股权？		√	★★★	★★★
8	是否给未来团队预留一定比例（10%以上）的股权？	√		★★★	★★
9	创业团队是否跟法定继承人（特别是配偶）就创业股权进行钱权分离的协议？	√		★★	★★
10	直接自然人股东是否过多（5个以上）？		√	★★	★★
	合　计				

注：股权危机指数，一星到五星，星数越高，表示危险性越强，危害越大；股权纠错成本指数，一星到五星，星数越高，表示纠错成本越大，代价越高。

二、创始股东的股权动态分配

企业在创业过程中，发生过各种合伙人之间就股权引发"战争"的故事。我们发现，合伙人之间之所以频繁爆发股权战争或闹剧，是因为他们既没有合伙人股权的进入机制，也没有合伙人股权的退出机制。

许多创业公司容易出现的问题——创业早期大家埋头一起拼一起干，不会考虑各自占多少股份和怎么获取这些股权，因为这个时候公司的股权就是一张空头支票。等到公司的前景越来越清晰、彼此可以看到的价值越来越高时，早期的创始成员就会越来越关心自己能够获取到的股份比例。而如果此时再去讨论股权怎么分配，很容易出现分配方式不能满足所有人预期的情形，导致团队出现问题，影响公司的发展。

用投资人徐小平的话说："不要用兄弟情意来追求共同利益，这个不长久；一定要用共同利益追求兄弟情意。"① 股权的分配要让合伙人觉得，他是你的利益共同体。

很简单，当你的团队把你的事业当成他的事业，此时这个团队就会成为战无不胜的铁军，变成任何利益、任何诱惑、任何威胁都无法撼动的团队。如何尽早建立一个适应企业不同阶段的股权动态分配规则，是创业之初就要考虑并在后期发展中要不断完善的重要事项。

利益分享是股权分配的根本原则，这也是体现创始人格局与胸怀的关键所在。一个合法、合理、合情的利益分配机制，能够激发合伙团队的积极性和创造性，激励大家全力以赴。

三、股权激励

股权激励的要旨，是使企业所有者和被激励者通过各种方式形成利益共同体，让被激励者积极主动地关心、参与企业的长期健康发展及价值增长，二者在共创价值、分享利益的同时，也需共担风险。

---

① 《合伙创业七年被"净身出户"？创业公司屡陷"股权魔咒"》，载人民政协网，http://www.rmzxb.com.cn/c/2017-02-24/1363336_2.shtml，最后访问时间：2024 年 2 月 2 日。

股权激励的本质，是通过公司的价值分配体系，解决企业发展的动力问题和效率问题，是一种让员工自动自发地工作、让企业基业长青的智慧，是一套用社会的财富、未来的财富、员工的财富及利益相关者的财富实现共赢的机制。

但对于更多的中小企业来说，在近期没有上市计划、面临外部激烈竞争、未来不确定性较大、自身内部经营管理并不完善的情况下，实施股权激励往往会面临较大的挑战，甚至有时会无法顺利推行。

（一）企业股权价值无法明确

大多数中小企业的股权很难估值，导致很难有一个员工和原大股东之间都能认可的准确定价。员工并不认可企业授予股份所对应的真实货币价值，甚至在一些极端情况下，员工认为企业给予股权是为了短期内给员工低薪酬，是挽留他们的一种"画饼"做法。当员工不认可股权激励方案中股份所对应的价值时，股权激励就已经失去其初衷，对核心员工既没有挽留作用，也缺乏激励意义。

（二）不合理的股权分配可能导致公司现有控制权分散，使企业内部治理更加混乱

企业给核心员工分配股权，员工进而掌握了一定的管理权限。员工与企业的关系由"雇佣关系"变为了"合伙经营"关系。如果操作不当，会使得股权授予变为部分核心员工在企业内部的"免死金牌"。再加上内部各项治理不规范或部分管理制度、流程的缺失，甚至有可能出现少量股权持有者拉帮结派，徒增内耗。

（三）股权分配后有可能让核心员工偷懒，出现"搭便车"的情况

当部分员工获得公司一定数额的股权，尤其是每年股份获益接近甚至高于每年的劳动薪酬时，他们反而会降低自己在工作上的投入，足够多的股份获益会让他们觉得在企业可以"搭便车"，享受其他人的努力带来的红利，这与企业选择股权激励的初衷完全相悖。

股权激励有效的关键，在于要把股权激励和公司的成功进行有效的连接。一方面，只有让管理者相信股权激励能促进公司成功，才会觉得股权分得值，愿意分，分股聚人心；另一方面，只有让员工对公司的成功有信心，他们才会觉得股权激励有价值，否则拿着几页纸的股权激励协议难道就能改变他们的行为吗？那是不可能的。所以，设计股权激励的关键是把这两个"相信"建立起来：管理者相信分得值，员工相信股权有价值。

四、生态股权整合

随着市场竞争的日益激烈，越来越多的企业希望通过整合供应链，与供应链中的合作伙伴结成更加稳固的战略联盟，从而提升市场竞争力。

经销商作为供应链的重要成员，尤其是那些依赖外部销售的企业，在如何更好地激励经销商问题上费了不少周章。传统企业激励经销商主要直接通过销售业绩来实现。对经销商而言，代理哪个品牌的产品主要取决于哪家厂商的销售政策更加有优势，包括返点、代理价格等。而当品牌商都只在销售政策上下功夫的时候，每家的竞争优势也就不再明显。

近些年，更多的企业为有效绑定与经销商的利益，换取企业对经销商管理的主动权，优化经销商管理体系，不少上市公司、非上市公司相继推出经

销商合伙人制度，实践中也有许多企业取得了较好的效果，更好地诠释了"共创、共担、共享"的文化。例如，白酒行业的泸州老窖、水井坊等，家电行业的格力电器、老板电器等。

小米的合伙制模式则更为突出，其商业成就也展示了代表着新"中国式合伙"的小米在聚合人才、资本、资源方面的智慧和高瞻远瞩的格局。小米的合伙人制度将公司的合伙人股东分为创业合伙人、事业合伙人、资本合伙人和生态合伙人，[①] 也可划分为我们所说的内部合伙人和外部合伙人，形成了企业合伙人多元化的机制。

如何设计内外部合伙人的顶层架构；如何构建模型；如何既做到公司风险可控，又让组织富有弹性，并促进生态链合伙人体系良性持续发展；生态链合伙模式如何选择；渠道入股企业、企业入股渠道或者现金激励模式各有什么优缺点；具体操作的实施要点有哪些；……对于拟上市企业应当关注的问题，读者可在本书后续章节中找到答案。

五、股权融资

股权融资，有利于拓宽企业融资渠道，缓解企业融资难的状况。股权融资能提升企业的自身价值——企业可以通过引入战略资本的方式进行股权融资，战略投资者的原材料供给渠道、同行业上下游运作经验和市场销售资源等能够帮助企业迅速扩大规模，在短时间内改善企业的收入和成本结构，提升企业的业绩和股东价值，提高企业的核心竞争力，使企业迅速地成长起来。

然而，也有一些出现波折的案例。从永乐电器的陈某、太子奶的李某、

---

① 参见何德文：《小米新"中国式合伙"：雷军经验和智慧》，载中国企业家杂志公号，https://mp.weixin.qq.com/s/dZm7q4Uu8NRE10mhdNaJAA，最后访问时间：2024年2月2日。

雷士照明的吴某到新生代企业家，如前些年凡客的陈某等，这些商业案例真实反映出对于处在初创期和快速成长期的非上市企业而言，选择正确的投资人、恰当处理好与投资人关系的重要性。

"水能载舟，亦能覆舟"这句话也可以在一定程度上诠释投资人与企业家的关系。好的融资能够帮助企业插上快速发展的翅膀，反之，若企业无法正确处理与投资机构的关系，摆正心态、看清局势，那么融资也极有可能成为颠覆企业发展的巨浪。

如何寻找投资人；寻找什么样的投资人获取投资的成功率更高；在投资交易中有哪些重点关注的事项……这些都是企业在融资中应该重点关注的问题。

六、内部创业股权

许多企业探索内部创业机制，以激活现有资金、资源与人才优势，促进企业组织变革与业务转型升级。通过内部创业的制度创新来解决公司日益发展壮大的同时并存的管理成本增加、创新乏力、发展停滞等问题。内部创业无疑伴随着股权制度的创新，对内部创业团队的股权激励无疑是实现内部创业团队、母体公司、内部创业项目三方共创、共担、共享的重要激励因素！内部创业，实现人才资本股权化，是股权激励的又一种形式。内部创业的四个关键步骤如下：

1. 回归创业环境。公司内部创业项目立项后，凡是申请参与创业团队的，均需要回到创业原始状态，将持有的全部股权期权清零，完全回归到创业状态，背水一战，避免投机行为。

2. 共同出资设立。作为项目的创始团队成员，以出资获得20%—30%的持股比例。

3. 内部风险投资。在后续资金需求上，按照项目的市场估值，由集团进行追加投资。

4. 换股收购合并。在项目成熟后，由集团收购，并入集团，内部创业团队持有集团股权期权。

通过以上四个步骤，将内部创业实现市场化，形成裂变到聚变的过程。

但就内部创业项目而言，股权激励模式必须结合内部创业项目所处不同阶段进行选择。

芬尼克兹"裂变式内部创业模式"广为流传后，越来越多的企业主也纷纷效仿学习。很多创业项目就凭着企业主的想法、资源，在公司内部招募团队立项开发一款产品，待产品被市场初步验证后独立成立项目公司，母公司占大股，创业团队占小股。

然而，我们接触了一些类似项目公司后，发现当创始团队开始独立寻找新一轮的融资时，结果无论项目有多好，投资人看到这样的股权架构后都不敢投资，因为投资人无法保证在这样的架构下创业团队的权责利得到正确的匹配，从而保证创业项目的顺利推进。

那么，什么样的股权架构能更有利地发挥母公司（平台公司）的资源整合优势，实现"共创、共担、共享"的"完美"架构？我们在后面的章节将为大家揭晓。

七、股权并购

企业股权并购是常见的股权类交易模式，通过并购方式可以实现企业战略布局、优化财务数据，以实现企业未来进入资本市场或者低价盘活存量业务等目标。并购方可以快速进入新的行业或者打破原有的技术壁垒，缩短技术研发周期和降低技术研发成本；并购方还可以掌握被并购企业的控制权，财务报表并表以提高并购方的财务数据。对于复杂的股权并购，可能还涉及企业重组，保留优质资产，剥离亏损业务，盘活存量业务。股权并购是指收购方以股权转让、增资或合并的方式取得被收购方的股权，成为其股东，实现最终的交易目的。

股权并购虽然有利于实现收购方的交易目的，但是也存在风险。收购方作为目标企业的新股东要面临并解决并购前目标企业存在的各种法律风险，如巨额债务、用工、税务、人事变动各类遗留问题、潜在的法律纠纷以及所在行业的政策性风险等。实践中，由于并购方在并购前缺乏对目标企业的充分了解、未做法律尽职调查，可能会导致并购后目标企业的各种潜在风险开始陆续爆发，不能达到股权收购方的最佳初衷。另外，股权并购中的恶意收购与反收购，往往处于博弈状态。

如何防范和避免股权并购过程中的风险也是企业应当提前思考的问题。针对这类问题，将在下述章节中通过具体案例进行分析，并提供参考解决方案。

八、家族股权顶层设计

家族企业时常存在内部股权纷争，而股权结构几乎是每个家族企业最核心、最易产生纷争的问题。

影视公司小马奔腾由于其股权架构不够完善，在 2016 年就出现了家族成员争夺控制的状况。[①] 同样的，土豆网、谢瑞麟珠宝、远东皮革等家族企业也曾被报道过出现一些股权纷争。

针对问题，提前布局和及时处理，让股权结构清晰完善，明确股东的职

[①] 《李某身后事：家族成员争夺小马奔腾控制权》，载第一财经网，https://www.yicai.com/news/4036036.html，最后访问时间：2024 年 2 月 2 日。

责，才能避免之后的混乱局面，具体操作如下：

1. 共同选择最适合领导家族企业实现战略目标的人物，考虑大股东人选、董事长人选，并据此来设计最优股权结构；

2. 制订接班人计划，避免出现类似"夺权"事件；

3. 设计股东盈利模式，除了房子、车子等必需品，股东还需要定期收益；

4. 家族董事会界定向外释放股权的范围，包括战略投资者和高管团队；

5. 董事会席位不必过多，5—7席为宜；

6. 股权结构应该是一个动态管理的过程，才能在有融资需要时，更好地引入外部资本；

7. 对高管层、核心中层实行股权激励，汇集精英，才能改变家族企业"做不大"的现状。

以上这些股权相关问题，统统可以通过做好股权顶层设计系统地解决，好处如下：

1. 不用担心控制权的问题，无失控之忧。没有了失控之忧，才敢大胆地分利，才能放心地放大股权的杠杆作用。

2. 便于资本运营，股权融资、股权并购，上市。一个科学合理的股权架构和公司治理，更容易受到投资机构和资本市场的青睐。

3. 有利于合伙合心合力。一个科学合理的股权架构、公司治理和动态股权激励机制，如果落实到位，将助力核心团队"利出一孔，力出一孔"，打造一个高凝聚力、高战斗力、有事业心、有进取心的团队。

可以说，做好股权顶层设计，能够少走弯路，少踩雷，尽量避免股权纠纷，让你可以更专注于企业经营，从而使创业事半功倍。

第二章　股权顶层设计"433框架"

从资本的视角来看，公司分为两种：懂得股权经营的公司和不懂股权经营的公司。成功的公司大都是擅长股权经营的公司。例如，雷军是小米的掌门人，更是股权经营的高手，以股权为杠杆，有效地打造了小米生态圈。那么，擅长于股权经营的公司，在股权设计层面有什么共同之处？

这些擅长于股权经营的企业家，有没有什么可供我们学习和借鉴的地方？

答案是有，且可学习和借鉴。这就是股权顶层设计"433框架"。

我们股权战略咨询团队潜心研究十多年，把这些擅长于股权经营企业的股权智慧总结为：股权顶层设计"433框架"。

接下来，笔者详细介绍股权顶层设计"433框架"，把复杂的股权问题简单化、体系化，一揽子解决股权难题，做好股权顶层设计，排除股权困扰，让您少走弯路、少踩坑。

股权顶层设计"433框架"从根本上全面系统地解决股权难题——股权战略与布局、股权架构设计、股权分配框架与落地路径。

股权顶层设计"433框架"，分为4层、3股、3体，具体如图2-1所示。

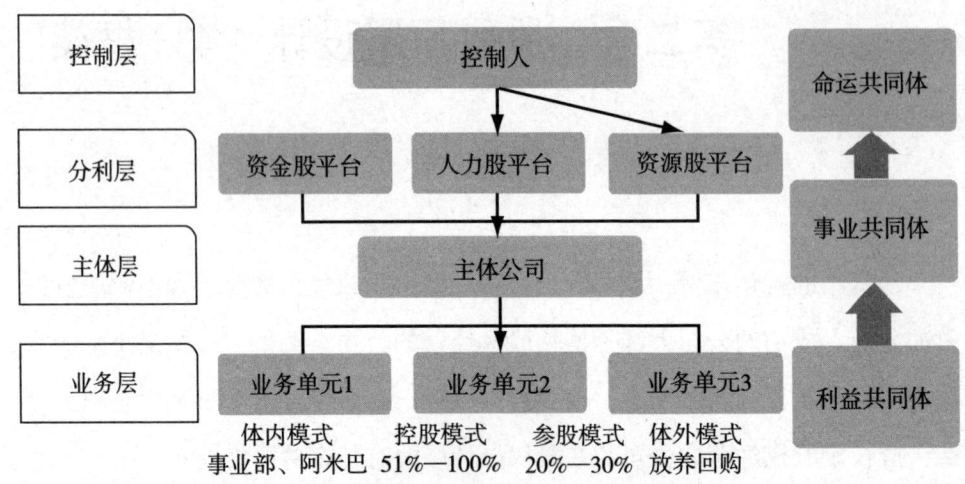

图 2-1 股权顶层设计"433 框架"

一、第一模块：4 层——自上而下的股权布局与框架

（一）控制层——做到控制权的设计，抑制人性中的"恶"

控制权是企业家、创始人最关心的公司治理问题之一，企业在创始人的苦心经营下即将摘得胜利的果实，却因为没有做好控制权安排从而丧失了主导企业的权利，这是让创始人最痛心疾首的问题。新浪、万科、1 号店、汽车之家、雷士照明等大家耳熟能详的企业都曾遇到过类似的困境。

因此，在做企业架构安排时，对控制权的安排是首先应当考虑的。

控制公司除了拥有更高的股权比例，更多的细节藏在对控制层的设计里。控制层关键在于通过"分股不分权"的设计，实现控制权的集中，从而达到创始人对公司的控制。常用的方式包括股权控制，如同股不同权、AB 股制度；架构控制，如金字塔架构、有限合伙企业的安排；协议控制，如公司章程的设计、委托投票、一致行动人协议等。

（二）分利层——以利激活人才，吸纳资金、整合资源，激活人性的善

分利层的核心是以股权的未来"利益"为杠杆，激励和吸引人、财、物，做大做强企业。在股权的架构中，公司的投资人、拟激励的高管和员工，以及一些生态链上的紧密合作者都可以在分利层得以体现。关于股权融资、股权激励、生态链股权的一些具体操作，我们在后面的章节中也会一一为大家拆解。

（三）主体层——资本运作，股权价值倍增，放大利益的吸引力

以上两个层次，我们主要讲了股权的顶层架构。这一层要明确股权主体，进而解决主体公司的合规性，讲好主体公司的商业模式、战略规划，放大股权的市场价值，这是关键。离开了这个关键，股权就失去了价值，杠杆作用就不复存在。

（四）业务层——激活人才，裂变团队，整合人财物，快速做强做大

在顶层架构、主体架构之下的架构，就是底层架构。底层架构，也就是我们常说的业务层，往往是实现业务快速增长、裂变、实现做大做强的通道。主体层通过全资、控股、参股等模式串联起不同的业务、资源、利益主体，形成业务层，完成整体商业模式的闭环。股权安排的方式主要包括：

1. 全资模式：主体公司占股100%。
2. 控股模式：主体公司占股51%及以上。
3. 参股模式：主体公司占股不控股，非第一大股东，常规参股20%—30%。

4. 放养模式：主体公司不占股，体外孵化。

本书第五章的生态股权就是业务层的一种创新型的体现形式。

二、第二模块：3股——回归股权的本质，区分来源，定规定条件

（一）企业创业成功的三要素

在对上千家企业进行股权培训、咨询、辅导的实操过程中，通过不断的碰撞、总结与提炼，我们把创业的关键成功要素归纳为最重要的三要素：人力、资金、资源。

1. 第一要素：人力——团队

一个有凝聚力、执行力、核心竞争力的创始团队是创业成功最重要的因素。天使投资人徐小平老师说："合伙人的重要性超过了商业模式和行业选择，比你是否处于风口上更重要。"[1] 这句话也是很多早期投资人的心声，早期投资人投的就是团队。没有强有力的团队，再好的商业模式也只能停留在商业计划书里。

2. 第二要素：资金——企业的血液

资金对一个企业的重要程度不言而喻。企业发展的早期，缺乏资金会拖慢企业成长的步伐，甚至让竞争对手抢占先机。对于无法维系的初创公司或是突然之间崩塌了的商业帝国，压死"骆驼"的最后一根稻草也是资金流的断裂。企业缺少资金相当于人的身体出现造血功能障碍，在没有新的"血液"输入的情况下，企业的生命无疑会走向尽头。

---

[1] 《周鸿祎：好的合伙人会比老婆更懂你》，载新浪科技，https://tech.sina.com.cn/i/2015-09-06/doc-ifxhqtsx3529858.shtml，最后访问时间：2024年4月14日。

3. 第三要素：资源——助力企业的加速器

企业在发展的各阶段，都需要资源的助力，如供应链资源、渠道资源、客户资源、人脉资源等。而部分资源又是企业花钱也买不到的，链接这些资源并为企业所用，这无疑将大大地促使企业快速成长。

那么，如何深度用股权连接这重要的三大要素？我们认为可以把股权按照功能予以区分，为了连接上面的三个要素，可以把股权分为人力股、资金股、资源股，并对这些股权分别进行针对性的评估和制定分配规则。

（二）三股架构——回归本质，区别对待，规则各异

1. 人力股

股权架构设计中的核心，一般分配对象为创始团队、核心员工两个层面。将人力资本的贡献作为评估标准，谁贡献大，谁就分得多。

人力股占比的通常区间为30%—80%，具体视商业模式、资金需求、团队成员而定。一般而言，技术密集、人才密集，人力资本竞争激烈的诸如高科技、互联网行业人力股占的比重较大；而资金密集、资本密集的行业，人力资本所占比重较小。

2. 资金股

资金股以出资论，这非常好理解，谁出资多，谁就占股多。实际上，资金也区分来源，不同来源的资金所占的比重也会有所区别。我们一般将其分为内部资金股和外部资金股。

内部资金股一般吸收的是创始团队、核心被激励对象的资金；而外部资金股吸收的则是外部投资人的资金。创始团队、被激励对象、外部投资人投入同样的钱，可能所占的比重不一样。这主要也依据于除了钱之外，对企业的贡献大小。创始团队通常以原始价格出资、入股；到了核心员工通常按照一个优惠的内部估值，由员工选择认购。外部投资人就是参考商业的逻辑，

根据企业的各项重要财务、商业指标对企业进行估值后投资入股。外部投资人第一轮的投资也应当控制在一定的范围内，一般不超过30%。

3. 资源股

资源股虽然重要，但资源股里的"坑"是最多的。很多资源还未经兑现，但资源承诺人已经把股权拿走了，这也成为不少企业创始人说不出的痛。

因此，资源股评估的规则就是兑现了多少价值，就兑现多少股权。哪怕说出来的资源再好，没有对公司产生任何价值，也没有实际意义。我们也建议资源股本着权责对等、激励与约束对等的原则，前期可不登记为实股，同时关于解锁、行权等规则也应当考虑到，具体见表2-1。

表2-1 三股架构

要素	权重	规则	常见比例
人力股	X%	按贡献分配	30%—80%
资金股	Y%	按出资分配	20%—50%
资源股	Z%	按兑现分配	10%—30%

三、第三模块：3体——顺应人性，区分需求，定向驱动

在任何组织的内部都存在着不同的共同体的关系，在每个共同体中成员和组织的命运关系不一样，用来建设和维系这些共同体的方式也不一样。我们先认识以下三种共同体。

（一）利益共同体——讲的是共担共创，关键是分钱、定规则

顾名思义，利益共同体是靠利益来维系的。财散人聚，财聚人散。很多企业都考虑让骨干持股和员工持股，希望通过这样的方式来激发骨干和员工

对组织的承诺。

构建利益共同体常用的股权模式为虚拟股、身股①，常用的组织形式有事业部制、阿米巴、独立核算单元、承包制。

当然，把一个团队的凝聚力完全建立在利益的基础上，这个组织的未来发展也可能会有问题。当组织没有利益可以分的时候，团队的凝聚力可能就瞬间消散。所以，很多成功的企业都是把利益共同体和事业共同体嫁接起来，作为团队建设的目标。

（二）事业共同体——讲的是共识共担共创，关键是给机会，分未来

有一些创业的企业，刚开始不少都是基于单纯的理想，这种创业团队就属于事业共同体。一些企业的高管团队也属于这种类型。就算一些成熟的企业，内部也会存在着很多以事业为第一目标的小团队，大家聚在一起就是想做成一件事，这样的团队也可以说是一个事业共同体。

构建事业共同体常用的股权模式为限制性股权、期权。

（三）命运共同体——讲的是使命与身份认同，关键是决策规则明确，着眼公司长期持续发展

在企业中，开疆拓土、愿与企业共存亡的创始团队、核心团队，万一企业倒闭了，留守到最后一刻的团队就与企业形成了命运共同体。常用的股权模式为限制性股权、实股。

从利益共同体到事业共同体，再到命运共同体，每往组织的中心靠近一层，对组织的承诺就越重，与组织的绑定关系就越深，需要用到的股权工具也会有所不同，具体如图 2-2 所示。

---

① 不是普通意义上的股份，仅仅是一种分红权。

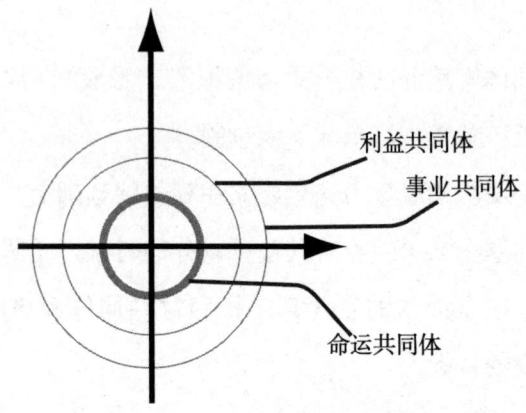

图 2-2 "共同体"示意图

四、股权顶层设计"433 框架"名企案例

绿地集团借壳金丰投资上市①在股权架构上的一大亮点就是通过系列"有限合伙"的安排,解决了内部股东持股问题,具体如图 2-3 所示。

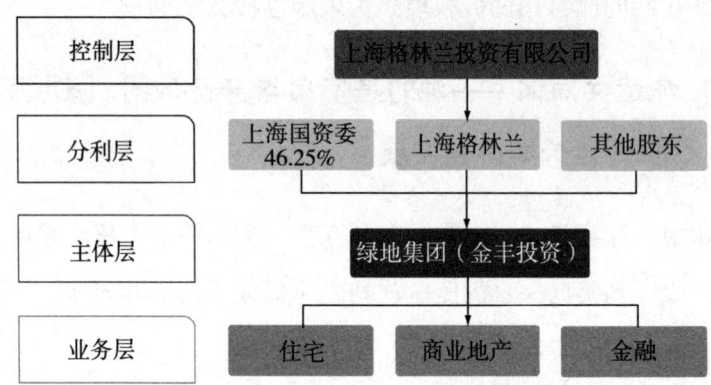

图 2-3 股权四层次案例:绿地集团

---

① 《绿地集团整体上市方案今日过堂 借壳金丰投资》,载人民网,http://house.people.com.cn/n/2014/0630/c164220-25218197.html,最后访问时间:2024 年 2 月 2 日。

在该架构中，包括张玉良在内的绿地集团管理层共 43 人[①]出资 10 万元共同设立格林兰投资。格林兰投资又作为普通合伙人与职工持股会的全体成员成立了 32 家有限合伙企业（以下简称"小有限合伙"），格林兰投资在每家小有限合伙只象征性出资 1000 元即获得了管理权。格林兰投资再作为普通合伙人与这些小有限合伙成立上海格林兰投资（有限合伙）。上海格林兰投资（有限合伙）作为持股平台在重组后的上市公司持股 28.83%。

在绿地集团的架构设计中，格林兰投资作为仅投资 10 万元的公司，通过层层有限合伙的安排实现了对上市公司的控制。[②] 上海格林兰投资（有限合伙）作为持股平台与上海国资委等其他股东一同作为上市公司的上层股东，实现其股东利益。最后，绿地集团作为主体层通过下设的住宅、商业地产、金融等实体板块实现经营。

五、股权架构优化的四个最佳时机

许多企业都面临一个问题，前期的股权架构不合理，严重影响公司的正常发展，如何进行调整和优化？何时是最佳时机？

调整和优化的整体思路，还是回归到"433 框架"中，公司是否清晰区分了不同层次的架构，每层架构是否实现了应有的价值、功能；人力股、资金股、资源股的分配是否合法、合理、合情；公司是否逐渐形成了不同梯队的利益绑定群体，每层群体都得到了相应的利益和身份认同。

具体有以下四个时间点，更加适合对股权架构进行优化。

[①]《张玉良：楼市基本面没有变 房地产市场平稳增长》，载人民网，http://house.people.com.cn/n/2014/0331/c164220-24777531.html，最后访问时间：2023 年 10 月 15 日。

[②] 周迪伦：《国有控股企业"混改"中有限合伙的秘密：从绿地张玉良到格力董明珠》，载经济观察网，http://www.eeo.com.cn/2019/1210/371537.shtml，最后访问时间：2023 年 10 月 15 日。

(一) 创业有起色时

早期，创业还只是个不成熟、有待验证的想法，对商业模式、人员分工、创业目标都难以明确，很多要素都还在摸索中。这时，股权架构难以成形。过了摸索期，商业模式、公司目标、组织架构与人员分工有了雏形，这是股权架构优化的第一个恰当时机。这时的优化与调整将为后期的发展打下良好的基础，方便企业的不断优化、迭代。

如果这时没有合法、合理、合情的股权架构，没有动态调整、优化的股权激励机制，势必影响后续的发展，甚至埋下失败的种子。无数案例证明错过这个时点，纠错成本巨大。

(二) 碰到重大困难时

当企业发展遇到重大困难时，是对合伙人创业精神与信心的重大考验与洗礼。在这个时候，恰好也需要思考之前的股权架构是不是有问题、股权工具是不是用错了，是否阻碍了企业的发展。

因此，企业发展遇到困境是重构和优化股权架构的一个重要时机，如果这时不及时重新调整股权架构，是对团队的不负责任，后面遇到困难可能溃败得更快。当然，此时的调整也是对真正合伙人的嘉奖。

(三) 看到腾飞希望时

看到腾飞的希望时，要慎重考量：现有股权架构是否有利于下一步的大发展？是否能够激发团队的创业激情与投入？是否对下一步的腾飞设置了一个动力无限的股权引擎？如果错过这个时点，没有及时调整、优化股权架构，也许本有希望腾飞，却使创业团队的满腔期待落空，创业熬没了激情。

比如，当年海底捞正是在事业腾飞之际一劳永逸地解决了这个问题，张某用原始的出资价格收回同为创始人的施某宏手里18%的股权，从而获得了绝对控制权，为后面海底捞的腾飞打下了坚实的基础。

（四）第三方投资介入时

第三方的介入往往能带来专业化视角、中立的立场，能借力推进问题解决。因此，第三方投资介入时是一个好时机，团队借机重新审视股权架构是否有重大缺陷或优化的空间。

这很可能是最后的一个最佳时点，错过这个时点，后期的纠错成本成倍增加。更重要的是，这时不进行调整和优化，最大的问题很可能因股权架构不合理而拿不到投资，错失发展机会。我们的一些股权架构调整的案例就发生在客户某一轮融资完成之前。

综上，如果股权架构设计存在重大缺陷，应择机优化，抓住优化的最佳时机，事半功倍。如错过机会，则会越陷越深，企业或创始人将为此付出巨大的成本。

第三章 创始股东股权分配

不要用兄弟情意来追求共同利益，要用共同利益追求兄弟情意。创始团队的股权分配，不要单纯用人性去考验一同创业的情谊。毕竟从亲密伙伴到反目成仇的大逆转、从合伙到散伙的故事在商业世界中屡见不鲜。创始股东在合作之初就应当将权责利划分清楚，对合伙创业的规则与机制进行长远的设计，以免"触礁"。

一、不当的股权分配，让企业从风光无限走向衰败没落

（一）案例一：某知名品牌 VCD（影音光碟）走向衰败

对于很多"80后"来说，某知名品牌 VCD 并不陌生。某知名品牌 VCD 曾经红极一时，但后来逐渐走出人们的视野，那么它到底何去何从了？又是什么原因使得它销声匿迹了？

这要从某知名品牌 VCD 的创办说起。某知名品牌 VCD 的创始人胡某和陈某于 1995 年合作的时候，每个人出了 2000 元，各占 50% 的股权。胡某硬是靠着毅力最终在 1995 年 6 月研发成功了第一台 VCD 样机并且在当年的 11 月完成量产。

公司成立只有三年，凭借着营销大获成功的某知名品牌 VCD 此后在营销推广的道路上越走越远。凭借着不计成本的投入，某知名品牌 VCD 达到了自己的顶峰，每个月出货量超过 20 万台。

那陈某呢？在公司迅速崛起的几年时间里，他几乎不插手公司经营事务。公司所有人事任命、财务管理和日常经营都由胡某全权负责。在公司高速运转时，王某也成了股东，占了公司10%的股权，胡某和陈某变成了各占45%的股权。

正当某知名品牌VCD的事业蒸蒸日上之时，胡某和陈某两位大股东还是因为钱和权出现了隔阂。

1998年，胡某继续在电器行业进行扩张，提出了多元化经营的策略，却遭到了陈某的反对。但他不顾决策层的反对，仍然开了多家子公司，在股权架构上避开了陈某。再加上陈某一直对胡某天价拍广告的事情不满，于是对胡某提出，要么自己退股，要么胡某退股。胡某表示要继续参与公司经营，回复陈某要求其退股。于是，两人约定由胡某给陈某5000万元，陈某退出全部股份。

然而，胡某却没有兑现收购股份的承诺，据说只付了几百万元的股权转让款。

陈某于是在报纸上公开发表声明，说胡某设立子公司并没有得到董事会的授权和批准。这就把某知名品牌VCD内部的矛盾暴露在大众视野之内了。

激进的营销战略本来就让某知名品牌VCD的流动资金吃紧，又因为陈某的一纸声明，经销商和供应商都闻风而动向某知名品牌VCD讨债来了。

在这个节点上，陈某联合王某，共同要求胡某退出管理层，不再担任董事长。胡某虽然一向以某知名品牌VCD创始人和当家人自居，对某知名品牌VCD的贡献之大确实也没人能比，奈何陈某和王某的股权占到了55%，而他自己的股权只有45%，最后被迫交出某知名品牌VCD董事长和总经理的位置，离开了胡某的某知名品牌VCD很快走向了没落。而胡某，因挪用资金、虚报注册资本锒铛入狱。

(二) 股权私董会专家点评

从上述案例可以看出，创始人之间股权分配的几个雷区具体如下。

1. 平均分配股权

像胡某和陈某这样各占一半的股权设计，在企业中不在少数，但也确实坑惨了很多企业。

为什么股权平分基本上都会出问题呢？很简单，可以说，几乎所有的创业公司都会有个带头的人，但在均分股权的架构下造成的结果是谁也不服谁，导致决策僵局，或者是带头的人心理不平衡，也就没劲儿干了。实际上，首次创业的人特别容易掉进这个雷区。如果问他们，你们为什么会平均分配股权呢？答案基本上都是，认为企业还在创业发展期，不太好和合伙的人去沟通股权问题。这就是典型的好面子心理。大家只考虑到眼下的面子问题，却忽略了长远的共同利益比眼前的面子重要得多这个要点。

你可能会有个疑问，在案例的后面，不是还有个小股东王某吗？那就不是均分的股权架构了，而是45∶45∶10了，这样是不是会好些呢？不是的，其实更糟。所以，接下来是第二个雷区。

2. 博弈型股权架构

在案例中，即便胡某对企业的贡献要大很多，但因为胡某和陈某股权对半，看上去没有人真的说了算。其实不对，你会发现那个小股东，它虽然只占了10%的股权，但当两个大股东相持不下时，小股东帮谁，谁就取胜了，想一下，是不是这个道理？

在某知名品牌VCD这个案例里，小股东当时就是站在陈某这一边，他们加起来的股权占比55%打败了胡某的股权占比45%，这就是大股东平分股权的另外一个副作用，那就是反倒让小股东有机可乘，成了那个可以左右局势的一方，你可以想象这里面的关系多么微妙。

3. 仅以出资论贡献

在案例中,其实胡某和陈某是两种类型的股东,胡某除了出钱,还全面负责公司的经营管理,可以说是管理型股东;而陈某除了早期出了钱,公司的事务过问得不多,可以归类到投资型股东。在大家出钱一样多的情况下,一个劳心劳力,一个少问公司事务,体现在股权上却是各占45%的均分局面,显然是不合理的。随着公司越做越大,管理型股东的心理一定是越来越不平衡的。

在案例中,胡某虽然答应用5000万元的价格收购陈某手中股权,但在胡某眼里,陈某没做什么事,只是最早投资了2000元,就可以拿走5000万元,胡某心里怎么能平衡,这是典型的控制权和索取权不对等。

事实上,在公司早期设立的时候,以出资金额来分配股权结构的公司不在少数。公司在市场监督管理局注册登记的时候,申请材料上也是要求填写认缴多少注册资本,占多少股权比例,并没有给出其他可以计入股权比例的选项。而绝大多数创始人并不具备这样的经验或者法律知识储备,也无法设计出能够体现人力资本付出的股权结构。

4. 股权缺乏动态调整机制

胡某和陈某之所以最早平均分配,相信也是没有想到后来胡某表现出来的能力那么强,而陈某并没有预期的贡献那么大。事实上,绝大部分公司在进行股权架构设计的时候都很难预期后面股东之间的贡献变化。但为什么那么多人急于分配股权,其实也好理解。你看,开始的时候很多是朋友、同学、老同事一同创业,算是彼此了解,但的确又看不清谁的贡献大,但事情总要先做起来,不可能等看清了再注册公司,那公司经营的很多事情就没法开展了,所以大多选择先开张再说。但慢慢的,人力资本价值的差异性就体现出来了,就像海底捞的张某和施某,最早各占50%的股权,但后来张某的贡献更大一些,接着张某顺利收购了股权,这也为海底捞继续做大做强并成功上市创造了条件。

这样一看，胡某和陈某就显得很不明智了，创始股东股权分配的几大雷区，挨个儿踩了一遍。不过考虑到实际情况，很多初创公司的股权架构其实都是不得已而为之的。大多数人在创业的时候都面临很多约束条件：没钱、没资源，还要打硬仗，有时候也没有太多的选择。

二、股权结构调整，助力企业融资千万元

（一）案例二：一场股权私董会，企业顺利融资3000万元

某生物医药公司的几款药品研发已经通过临床实验阶段，预计未来可以成功注册批量生产上市。该公司创始团队3人，公司在天使轮拿到2个自然人投资人合计300万元投资、2个机构投资人合计400万元投资，天使轮之后公司的股权架构为：三位创始人共持有84%股权，其中大股东兼技术负责人李总持有52%股权（代持医学专家15%的股权）；王总前期只出钱，持有30%股权（代持运营团队14%股权）；陈总相较于李总、王总稍晚加入公司，现为公司CEO，运营整个公司，持有2%股权；另有自然人投资人2人，共计持有8%股权；机构投资人2人，共计持有8%股权。值得注意的是，以上所有股权均为直接持股，具体如图3-1所示。

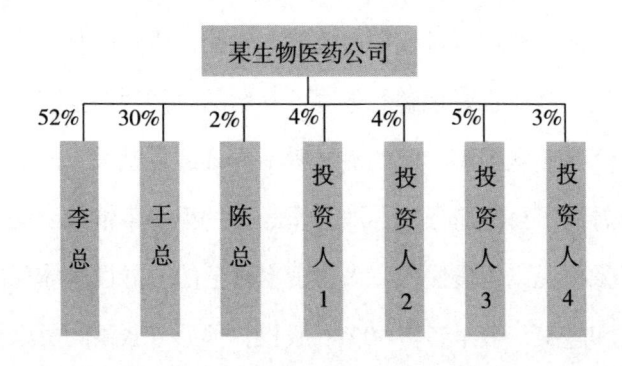

图3-1 某生物医药公司股权架构

公司在天使轮过后的董事会成员已经有7人，模式为4+3，即创始股东4个席位，李总、王总各指派2个董事会席位；投资人共占3个董事会席位。另外，根据天使轮投资人的《增资协议》，公司共有大小超过16个事项需要股东会或董事会2/3表决权同意。

公司有3000万元的资金缺口。因此，公司拟开展A轮融资，但在融资过程中，专业机构投资人表示项目不错，对产品也有信心，但好几个机构看到该公司股权结构都望而却步，认为公司股权较为分散、未来可能产生大股东失去控制权的情况，并且也很担心经营团队是否能稳定的问题，这些都直接影响公司未来的发展，并影响投资人的利益。

在这种背景下，公司找到我们咨询是否能够进行适当的股权架构调整，至少解决上述投资人担心的问题。于是，我们对该公司的股权做了如下调整：

（1）成立高管有限合伙平台，由陈总担任普通合伙人（GP）。将原先由王总代持的运营团队的14%股权以及陈总原先持有的2%股权均转入该合伙平台。前述14%的股权中有8%以限制性股权的方式由陈总新取得，提高现任CEO陈总的股权比例，使得陈总间接持有的股权比例由原先的2%上升至10%。另有6%的股权为运营团队股权，暂由陈总代持。如此一来，陈总可以控制的股权表决权为16%。

（2）成立投资人持股平台，由李总担任普通合伙人（GP）。将原先王总以及自然人投资人、机构投资人的股权都归拢到该有限合伙平台中。李总代持的医学专家的股权未来也将通过设立有限合伙企业的方式转让，李总仍是该有限合伙企业的普通合伙人。如此一来，李总持有的表决权为84%，解决了该企业权力分散、管理低下的问题。即便未来融资股权稀释，也能保证李总控制权在50%以上。

（3）加强对现任CEO陈总的激励。前面说到了，架构调整后陈总所持有的10%股权中有8%是新激励给陈总的。陈总所间接持有的公司10%的股权，结构为"4%+3%+3%"，其中4%的股权在本次调整时签署相应合伙协议后直接取得；第一个3%的股权在陈总主导完成公司本轮融资即融资款全部到账后取得；第二个3%的股权在公司连续两个季度财务报表经营性净利润为正且全年经营性净利润为正，并经董事会审议认可后取得。调整后的股权架构如图3-2所示：

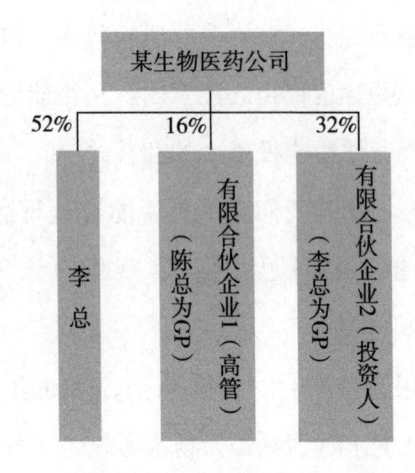

图 3-2　某生物医药公司调整后的股权架构

（4）考虑到后轮融资会有新的董事会席位增加，本轮融资前沟通各位股东，将董事会席位由7人调整为3人。这意味着天使轮的4个财务投资人董事会席位需要缩减至1个、创始团队的席位缩减1个。经过一系列的架构调整，李总牢牢掌握公司控制权，该公司终于迎来合适的投资人，公司顺利融资3000万元，投后估值2.5亿元。

（二）股权私董会专家点评

该公司股权架构调整前，存在着如下问题：

1. 大股东的控制权不稳固

公司大股东李总虽持有52%股权，但其中15%是代持了他人股权，如果股权不经过归拢，一旦该部分股权消除代持后再加上后轮融资的稀释，大股东甚至将失去一票否决权，即持有股权比例低于33.3%。这将不利于早期创业公司高效决策，也不利于吸引投资人。

2. 股权过于分散，易造成不确定性

（1）自然人股东过多易造成控制权分散，影响创始团队的集中表决，影响决策效率；

（2）一旦有股东发生股权变动，则需要进行股权的工商变更，频繁地进行工商变更将影响外界对公司的正面评价；

（3）直接持有公司股权的股东将享有诸多股东权利，如知情权、解散权、提议召开临时股东大会的权利等。一旦公司发展没有达到个别小股东的预期，不排除小股东通过行使其股东权利，给企业发展带来障碍。

3. 董事会席位过多导致决策不确定以及效率低下

在公司天使轮融资阶段，一般董事会席位为3人相对恰当，有利于高效决策。该公司在天使轮后的董事会席位已达7人；如果本轮融资完成后将增至9人，根据公司章程、《增资协议》的约定，公司诸多事项放在董事会层面，将可能因董事成员过多而无法高效达成一致意见。

4. 经营团队权、责、利错位

（1）股权架构调整前经营团队股权比例较低。公司大股东代持了运营团队14%的股权，但迟迟未做分配，导致经营团队仅CEO一职持有2%股权，运营团队的其他人员均不持有股权。这样，从外部看来，运营团队在股东会层面话语权较低，继而导致企业偏重技术，不重视市场和管理，也不利于后续融资。

（2）CEO股权比例过低，在调整前陈总仅持有公司2%的股权。依据权、责、利相对等的原则，公司CEO非常重要，承担了较重的责任，应当配以相适应的话语权以及利益。但该公司的架构却是责任重，而权利小、利益小，这就容易造成失衡局面，本应当起到的高效决策的作用会大打折扣。当公司发展到一定阶段，产生较好的收益状况时，也非常考验人性。现实中因为利益分配不均，小股东出走或者为平衡利益，以其他方式中饱私囊、损害公司利益的案例层出不穷。该种情况将不利于投资人对企业、创始团队和核心团队树立牢固的信心。

三、创始人股权分配的思考与建议

（一）常见股权分配的四大"坑"

对于早期创业公司，股权结构不合理的表现在前面某品牌 VCD 的案例中基本已经涵盖到了，此处再简单总结一下：

1. 群龙无首——股权平均分配、过于分散，缺乏控制力

创业团队要有真正的带头人。在现实中，我们看到一上来就平分股权的公司并不少，如创业者二人平均分配各占 50%，或者三人平均分配各占 33.3%，或者五人平均分配各占 20%。这样的分配并不是说一定不行。但无论从公司治理的原理上，还是现实实践中，都具有很高的风险和失败概率。

比如，真功夫的蔡某和潘某各占一半股权，雷士照明的吴某和两个大学同学各占 1/3 股权，最后都纷争不断、一地鸡毛，蔡某和吴某还进了监狱。更有甚者，2014 年年底，某知名大学总裁班里的 31 名同学共同注册成立了一家餐厅，每个人出资 20 万元，分别占 3.23% 的股权。这样的结局可以想象，三年多就破产了。

一般来说，创业公司创始人、一把手要掌握公司的控制权。除非有合法的特别约定，一般来说，持有超过 2/3（约 66.67% 及以上）股权具有对公司的绝对控制权；持有过半数（约 50.1% 及以上）股权视为具有对公司的

相对控制权,持有超过 1/3(约 33.34%及以上)股权视为具有一票否决权,对公司具有一定的影响力和控制力。

但具体到每个公司,股权结构的形成又是一个复杂的问题,现实中的情况千差万别。对不同的公司来说,都有各自的历史因素;创始人及核心创业团队的认知和理念,也会极大地影响股权结构。对于早期公司来说,股权平均分配或过于分散都可能是一场灾难。

2. 唯我独尊——股权高度集中、一股独大,缺乏激励性

与股权过于分散相比,股权过于集中,是另一种极端。对于创业公司来说,股权过于集中,如创始人占有 95%以上的股份甚至独资,通常有几个方面的原因:一是创始人拥有绝对的资金或资源上的实力;或者具有行业的特殊性,不需要高端人才;或者只需要雇用优秀的人才,而不需要担心核心人才的流失。二是创始人坚持不与人合伙的理念,认为合伙创业反而问题很多,难以成功。

股权高度集中可能出现的问题在于,没有长期绑定强有力的合伙人及核心人才,团队的激励力度及可持续性不足。

3. 小股东称霸——被小股东卡住喉咙的博弈型股权架构

如同某知名品牌 VCD 案例中的情况,仅占 10%的王某成了压倒胡某的稻草。类似的股权结构还有 49%∶49%∶2%等,在这样的股权结构下,如果公司想要在股东会层面通过决议,就必须要求至少 2 名以上股东相互达成一致行动的共识。这种情况下,无论是持有公司 2%股权的股东还是持有公司 49%股权的股东,在决策时都无法单独形成决策,因此两者在表决权层面并无区别。

这种股权比例的设计结构背后,如果 2 名持股 49%的大股东在经营思路上出现对立,那么持有 2%股权的股东,自然成为 2 名大股东笼络的对象,此时因其和任意股东达成共识即可形成决策,就会在博弈中对公司的控制权

产生重要影响。这种方式并不是纸上谈兵，其在实践中也是存在的。

这样的股权结构最大的坏处在于，大股东虽然承担了绝大多数的出资及相应的经营风险，但是无法掌握对公司的控制权，甚至要在博弈中牺牲自己的利益，显然有失公允，也不利于公司长期经营。

4. 论资入股——股权评价机制缺位

前面案例中已经提到，早期创业的时候，按照出资比例分配股权的企业不在少数，甚至是绝大多数。

而现代创业与投资逻辑早已发生颠覆性的变化。对创业公司来说，股权比例与出资比例并不必然存在对等关系。况且，初创公司都是有限责任公司，而有限责任公司是很依赖股东间的约定的，《公司法》允许有限责任公司的股东约定不按照出资比例来行使分红权和表决权。

拿生活中的事件来举例，如果夫妻在家庭中各有分工，丈夫主要在外赚钱，是家庭的经济收入来源，妻子主要负责尽心尽力照顾家庭。能够说在这个家庭当中，丈夫的贡献一定大于妻子吗？你可能感觉确实很难区分，拿钱回来的不一定就占据主导地位。

再拿企业融资这个事件来举例，也很好理解。通常，创始团队的合伙人既出钱又出力，这里的出钱还包括可以折算成钱的等价物（如物资、场地、专利、技术、能力、资源、声誉等）。而投资人，以出钱为主，顾得上就管一管，能帮上就帮帮忙。双方也可以通过合同约定详细的权、责、利。最终投资人投进来的钱是按照公司估值，而非出资比例来确定股权比例的，这是整个风险投资行业的基本逻辑之一。

现代公司中，资本可以雇用劳动，劳动也可以雇用资本，依据双方的稀缺性、承担风险、收益预期及各自贡献在市场中体现议价能力。创业融资是典型的"劳动雇用资本"，或者说是人力资本与物质资本的合作。这种合作的对价，体现为双方对公司估值的协商确认。

所以，在这里我们提供一个分股权的新思路：创业初期合伙人可以考虑突破按照出资额来分配股权的传统思维，谁更偏重于经营管理，股权就向谁倾斜。管理股东可以出小钱，占大股；投资股东应该出大钱，占小股，这样可以保证管理股东受到激励，投资股东也才能赚到钱。这种形式可以通过同股不同权或者资本溢价等方式实现。

（二）创始团队如何保证控制权

1. 股权的"八条生命线"

在现代企业，CEO 并不是权利最大的那个，如增资扩股、更改主营业务、解散公司等重大问题，是 CEO 也解决不了的问题，必须是股东才能做的"治理"决定。根据法律法规赋予股东的权利，根据股权大小不同，有八条明显的分割线，这就是我们说的"八条生命线"。

如同前面某知名品牌 VCD 的案例，陈某联合小股东取得了 55% 的股权，让胡某退出管理层，不再担任董事长。他们就是利用了公司治理的"八条生命线"中的一条：51%，相对控制线。

全部"八条生命线"包括：

（1）67%——绝对控制线

《公司法》规定，股东会作出修改公司章程、增加或者减少注册资本的决议，以及公司合并、分立、解散或者变更公司形式的决议，应当经代表三分之二以上表决权的股东通过。三分之二约等于 67%，上述所列的这些都是公司重大事项，所以 67% 才会被称为"绝对控制线"。这就意味着，在同股同权的机构，只要拥有 67% 的股权，就相当于能够控制这家公司。这就是"绝对控制线"，可以决定公司合并、分立、解散、增加、减少注册资本、变更主营业务，甚至修改公司章程等这些公司的"重大事项"。

(2) 51%——相对控制线

除了《公司法》规定的重大事项，其他的公司治理事项，如制定公司年度目标、任命高管团队、股东是否可以对外担保等，只要半数以上同意，即可通过。

(3) 34%——安全控制线，或者叫一票否决权

把上面第1条的"2/3同意，才可以通过"，反过来理解，就是只要"1/3不同意，就无法通过"。这就是约等于34%的安全控制线，所谓的一票否决权。

(4) 30%——要约收购线

这条线只和上市公司有关。当购买一家公司发行股份的30%以上时，如果还想继续买，就必须向所有股东发出收购要约。简单来说，不是你想买就能买的。

(5) 20%——重大同业竞争警示线

如果公司的股东持有20%以上股份，并且和公司经营同类业务，这可能会对公司产生重大影响，甚至会影响公司挂牌上市等资本市场道路。

(6) 10%——临时会议线、临时解散线

持股10%股权的股东，当有重大事项需要讨论时，可以在董事会、监事会都不召集的情况下，自行召集临时股东大会，提出质询、调查、起诉、清算，甚至解散公司。10%的股东申请解散公司，法院应依法受理。法院审查后，符合条件的，也可以解散公司。所以，10%是小股东守住利益的重要生命线。

同时，单独或合计持有10%以上表决权的股东，可以向法院申请公司解散，以防止公司损失进一步扩大。

(7) 5%——重大股权变动警示线

这条线也只针对上市公司。意思是持有超过5%的上市公司股票的股东

已经是重要人物了，必须披露自己的持股信息，以及股权变动信息。

（8）1%——代位诉讼线、临时提案线

对于股份有限公司，如果公司的董事、高管存在违法违章，损害公司利益的行为连续180日以上，单独或合计持股1%的股东，就可以"代表公司"向法院起诉他们。这就是代位诉讼权，它是悬在董事会、管理层头上的利剑。

同时，对于股份有限公司，董事会、监事会决定召开股东大会，审议一些"重大事项"。就算不在董事会、监事会，单独或者合计持有公司1%以上股份的股东，也可以在股东会会议召开十日前提出临时提案，股东大会则需要讨论这个议案。需要注意的是，在原《公司法》的规定中，这个临时提案线设置为3%，在2024年7月1日生效的新修订的《公司法》中将3%降至了1%，这就更加有利于小股东保护自身权益了。

2. 股权控制、架构控制和协议控制

把握控制权都有哪些具体形式呢？

（1）股权控制

保住控制权，最简单的方法当然就是股权控制，最理想的自然是取得相对甚至是绝对的股权控制权，我们前面讲的"生命线"也是基于股权延伸的。企业想做大，免不了融资，股权会被不断稀释，这该怎么办？

这里需要提醒创始人，若只是企业暂时遇到资金困难，可以优先考虑内部自有资金，外部融资可以考虑债权融资，退而求其次，再选择外部股权融资。在股权融资进程中，创始人也尽量抓住前面说的"八条生命线"中的前三条。总之，要提醒创始人的是，要把股权看成公司的重要战略资源，如果可能的话，不要着急释放。

这里讲的股权控制是设置同股不同权的结构。

2014年，Facebook的扎克伯格，以190亿美元收购WhatsApp[①]，而这么大的收购动作，只用了11天就完成了。但其实，扎克伯格的股份只占到28.2%，连"1/3一票否决权"这条生死线都不够。他是怎么做到在这么短的时间，行使这么大的权力的呢？

别看扎克伯格的股份只占28.2%，但他却能控制56.9%的投票权[②]。他所用到的就是同股不同权的结构。一般来说，公司里占多少股权或者股份，就有多少投票权。所谓同股不同权，简单说就是，同种类型的股票，可以拥有不同的投票权。

Facebook的股票分为A类及B类，A类股票是正常的每股对应1票表决权，而创始人扎克伯格手中握着拥有每股10票的B类股，加上投资人委托给他的投票权，这让他历经了十次融资以后，还能用28.2%的股份控制公司56.9%的投票权。这样的结构之所以是合理的，是因为像扎克伯格这样的创始人，对企业的价值、企业的感情和承担的风险三个方面和普通的投资者是不一样的。

比如说小米。2018年7月，小米在港交所上市，对于香港股市具有里程碑意义，因为其是首家在香港上市的"同股不同权"公司。小米股票分为A类及B类，B类股票是正常的每股对应1票表决权，A类股票每股对应10票表决权，这叫双重股权制度，或者叫AB股制度。上市前，雷军拥有小米集团31.4124%的股份，不到1/3，但对应的表决权却达57.9%，牢牢控制了公司[③]。美团紧随其后，9月上市，成为港交所第二家有双重股权架构的

[①]《Facebook收购WhatsApp斥资190亿美元》，载央广网，http://tech.cnr.cn/techyd/201402/t20140220_514891530.shtml，最后访问时间：2024年2月2日。

[②]《Facebook股权结构：扎克伯格占56.9%投票权》，载财新网，https://economy.caixin.com/2012-02-03/100353110.html?NOJP，最后访问时间：2024年2月2日。

[③]《小米同股不同权架构揭晓：雷军持股31%表决权超50%》，载中国财经网，http://finance.china.com.cn/stock/20180503/4625273.shtml，最后访问时间：2024年2月2日。

公司。不久之后，国内市场的科创板也表示允许同股不同权的公司上市。

在2024年7月1日生效的新修订的《公司法》中也加入了关于类别股的约定，类别股的股东在利润分配、剩余财产分配、表决权行使、股份转让方面可以拥有与普通股不同的权利。这意味着双重股权制度被国内的法律体系、资本市场所接受。

为什么这么多的上市公司要开始同股不同权呢？早期的双重股权往往是为了防止公司被恶意收购，才想办法保证控制权，后来发现还有别的好处。比如，创始团队的控制权力大，可以提高决策效率。就像Facebook收购WhatsApp这个项目，只用了11天就搞定了，这在一般的公司是很难想象的。

当然，事情总有两面性，现实也不是那么简单的，香港股市和上海的科创板以及国内股份公司先后允许同股不同权的公司上市，也打开了一个潘多拉的盒子。对于不支持"同股不同权"的人来说，创始人的利益是被保护得较好的，但是根本没有考虑过中小股东的感受。如果恰恰保护的是不值得保护的大股东怎么办？如果创始人危害公司怎么办？他们的决策错误又怎么办呢？2012年针对标准普尔1500家企业的研究显示，为内部人士赋予超级投票权的公司10年间的回报率低于常规企业，二者的股东回报率分别为7.5%和9.8%[①]。

总之，双方就是一个站在创始人的立场上，一个站在中小股东的立场上，各有说辞。但是，不管怎么争论，客观事实是，不只个别明星创业公司，美国股市上市的"同股不同权"公司数量也比之前增长了数倍，尤其集中在以互联网、生物医药公司为代表的高科技产业里，另外，世界上主要国家和地区的股市已经有很多个股市接受了同股不同权，如韩国、墨西哥、

---

① 《京东"双股"模式IPO：潜在投资者话语权寥寥》，载投资界，https://news.pedaily.cn/201405/20140519365707.shtml，最后访问时间：2024年2月2日。

巴西、南非，包括中国也开始拥抱双重股权，整体上该制度是逐步推进的态势。

所以，同股不同权的争论也不应该成为公司创新的障碍。但是关于同股不同权，我们也需要记住，它是创始人保住控制权的一个特殊的、重要的手段，但它也有让中小股东利益受损的风险。

（2）架构控制

架构控制，简单地理解，就是设立公司的顶层股权架构，当然这里指的肯定不是直接持股这种简单的方式。

比如可以采用金字塔持股的架构。假设，你注册了一家D公司，注册资本是100万元，你想掌握51%股权，你需要出资多少？一般人回答那就是51万元。但如果采取金字塔架构，只需要6.76万元就可以掌握D公司51%股权。你可以先掌握A公司51%的股权，然后A公司再掌握B公司51%的股权，B公司再掌握C公司51%的股权，C公司再掌握D公司51%的股权，这样的话，你间接持有D公司51%乘以51%乘以51%乘以51%股权，也就是大概6.76%的股权，但是在金字塔的每一个层级可以说你都是控股股东。所以你看，你用6.76%的股权就可以控制D公司。曾有统计数字，在我国的IPO企业中75%以上的企业股权结构体现出金字塔的特点，特别是在民营上市公司中，有94.51%的企业都采用了这种股权架构。[①]

[①] 鲁爱民、蒋文鑫：《金字塔式股权结构特征与公司价值研究》，载《北方经济》2011年第15期。

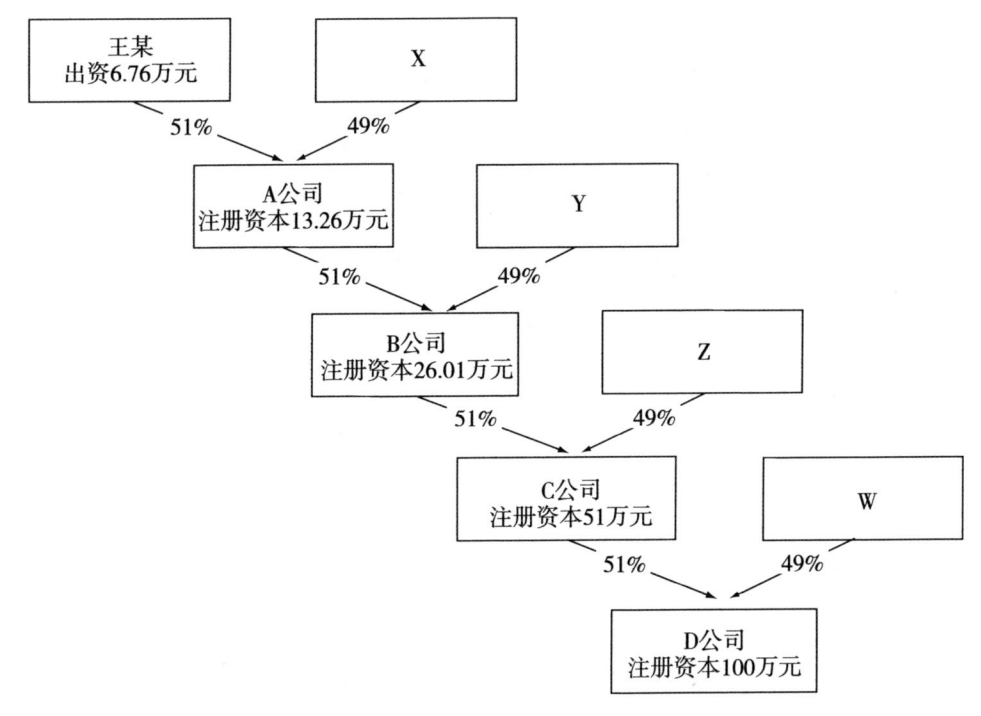

```
                ┌─────────────┐        ┌─────────┐
                │    王某      │        │    X    │
                │ 出资6.76万元  │        │         │
                └──────┬──────┘        └────┬────┘
                      51%                  49%
                       └─────────┬──────────┘
                                 ▼
                       ┌──────────────────┐     ┌─────────┐
                       │     A公司         │     │    Y    │
                       │ 注册资本13.26万元  │     │         │
                       └──────┬───────────┘     └────┬────┘
                             51%                   49%
                              └──────────┬──────────┘
                                         ▼
                              ┌──────────────────┐     ┌─────────┐
                              │     B公司         │     │    Z    │
                              │ 注册资本26.01万元  │     │         │
                              └──────┬───────────┘     └────┬────┘
                                    51%                   49%
                                     └──────────┬──────────┘
                                                ▼
                                     ┌──────────────────┐     ┌─────────┐
                                     │     C公司         │     │    W    │
                                     │  注册资本51万元    │     │         │
                                     └──────┬───────────┘     └────┬────┘
                                           51%                   49%
                                            └──────────┬──────────┘
                                                       ▼
                                            ┌──────────────────┐
                                            │     D公司         │
                                            │ 注册资本100万元    │
                                            └──────────────────┘
```

图 3-3　金字塔股权架构示意图

还有一种很常见的就是采用有限合伙企业的架构。也就是在公司之上搭建一个有限合伙企业，把一些自然人或者机构放到这个有限合伙企业里。有限合伙企业是合伙企业的一种，这种企业的合伙人，分为普通合伙人（GP）和有限合伙人（LP）。合伙企业是承担无限责任的，普通合伙人就是这个企业中承担无限责任的人，有限合伙人只承担有限责任。作为对价，有限合伙人不参与公司的运营管理，创始人可以自己或者指定亲信担任普通合伙人，普通合伙人哪怕只有一股，也有全部的经营管理权力，控制着这个有限合伙企业100%的控制权。

```
┌─────────────┐              ┌─────────────┐
│  普通合伙人  │              │  有限合伙人  │
└──────┬──────┘              └──────┬──────┘
       │ GP0.1%                     │ LP99.9%
       └──────────┬─────────────────┘
                  ▼
         ┌─────────────────┐
         │   有限合伙企业   │
         └─────────────────┘
```

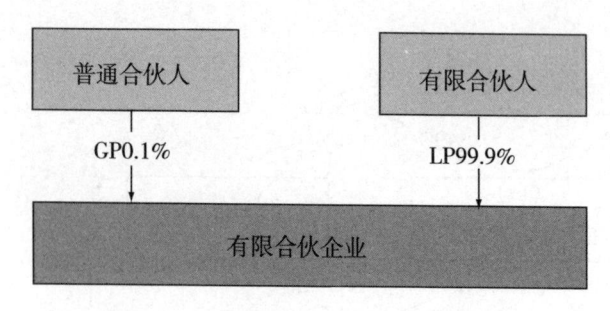

图3-4　有限合伙企业架构示意图

有限合伙企业作为一种控制权的安排，现在被广泛应用在公司治理之中。

（3）协议控制

协议控制，顾名思义就是通过一些协议即法律文件实现对公司的控制。

①公司章程

我们必须把公司章程放在第一位。很多创始人对公司章程都不太重视，使用的大都是市场监督管理部门提供的模板，等到公司治理危机出现了，想起来去章程里面寻找支持，往往为时已晚。

我们前面讲过有限责任公司强调"人合""信任"，创业公司完全可以通过股东之间的约定来对公司章程的内容进行定制。比如，有限责任公司可以不按照出资比例来分配分红权和表决权，这就是把股权中的控制权和索取权分离了，有的股东更喜欢控制公司，有的股东更喜欢分享利润，大家商量一下，你出了30%的钱，但是你可以拥有70%的表决权，拥有50%的分红权，如果大家同意这种"同股不同权"的约定，那就完全没有问题。这就是公司法中的任意性规范，只要公司法中的用语是类似"依照公司章程的规定"，或者是"公司章程另有规定的除外"，股东们都可以商量约定。

除了上述的"分红权与出资比例不一致""表决权与出资比例不一致"，公司章程还可以约定"不按出资比例优先认缴出资""剥夺股权转让时其他股东的同意权""排除股东资格的继承""以书面形式行使股东会职权""董事长和副董事长的产生办法"等。

除了任意性规范，公司法中还有强制性规范。"必须""应当""不得"这样比较绝对的用语，都是强制性规范。那是不是意味，在强制性规范下，公司章程就不能有个性化的空间了呢？也并不是，公司章程可以制定比强制性规范更高标准的条款。比如，前面说过公司通过重大事项，必须要有2/3以上表决权的股东通过才可以。公司章程可以规定更高的标准。比如，A企业2014年在美国上市，他们约定了公司章程的修改必须经过95%以上的表决权通过，这样，即便A企业创始人退位，他和他的伙伴只要拥有5%以上的股权仍然可以有决定权。有些西方的家族企业也是采用这个做法，传承几代了，家族的股份比例已经很小了，还能牢牢控制着公司。

②投票权委托、一致行动人协议

投票权委托就是股东在股东大会召开前已经在某些问题上进行了投票或把投票权转让给出席股东大会的其他人来行使。比如，京东上市前，刘强东只持有16.3%的股权比例[①]，但是红杉资本、高瓴资本、腾讯这些投资方都把自己的投票权委托给了刘强东，这让他取得了过半数的被委托的投票权[②]。这就是投票委托权，意思就是你们只管分钱，但别管事。

一致行动人协议主要是针对上市公司的，是指当几个股东意见不一致的时候，约定大家都听某一个股东的意见共进退，这个股东的控制权自然就增加了。公司股东签署一致行动人协议相当于在公司股东会之外又建立了一个有法律保障的"小股东会"。有关各方在"小股东会"中先讨论出一个结果作为各方对外的唯一结果，然后再在股东会里表决或者决定事项是否进行。

---

① 《京东抢先阿里上市 股票遭境外投资机构"哄抢"》，载人民网，http://it.people.com.cn/n/2014/0523/c1009-25055243.html，最后访问时间：2024年2月2日。
② 京东2022年度报告显示，刘强东持股12.7%，有73.9%的投票权。参见京东集团官网，https://ir.jd.com/zh-hans/annual-reports，访问时间：2024年6月2日。

腾讯的创始人团队就和另外一个大股东南非的某公司签订了一致行动人协议，保证了自己的控制权。一致行动人协议，比投票权委托民主，但也能实现控制权的目的。

创始人想保住公司的控制权，主要的三类方法是股权控制、架构控制和协议控制。创始人应该尽量保持适当的融资节奏，不要过急大幅度释放股权，要争取能掌握的关键核心资源，双重股权制度也是一种被市场证明的有效制度。从架构上看，可以设计金字塔结构和有限合伙企业来保证公司的控制权。另外，公司章程、一致行动人和投票权委托是协议控制的有效方法。

3. 设立动态调整和退出机制，使得股权能够反映股东的真实贡献

万事万物均在变化之中。许多创业公司合伙人，合作之初如漆似胶，最终却闹得不可开交、形同陌路甚至视若仇敌。原因在于时过境迁，现实与心态都发生了变化。原来觉得合理的，现在都变得不合理了。

从技术上讲，是因为创业之初没有合伙人协议或股东协议，即使有协议，也没有对合伙人及股东的责、权、利以及未来的调整和退出机制作出大家共同认可的约定。要想处理好此类矛盾，一方面要有相对公平合理的公司合伙规则，有最终保证效率的决策和执行机制；另一方面要在创业之初做好最坏的打算，把话说开、说清楚，形成明确的法律约定，也就是所谓的"先小人，后君子"。当然，这种约定需要相对合理的逻辑和机制，否则即使有合约也会不可避免地导致争议和解体。

为了使公司得以更健康地发展，我们建议在合伙之初就要设计股权的动态调整机制。怎么做呢？

（1）建立预期

在创业初期，给全体合伙股东建立股权可能会调整的预期。合伙股东要认识到股权的分配要基于未来，而未来大家的贡献可能会不同，为了长远的

共同利益，可以定期或者不定期地重新评估大家的贡献，商量股权是不是需要调整。

（2）建立制定规则的协商讨论机制

股权动态调整是为了让公司更好地发展，而非令公司和股东陷入不必要的纠纷之中，而纠纷的避免很大程度上在于各方股东对调整机制的接受程度，而接受程度的高低则取决于调整机制的制定有无经过充分协商。

首先，在是否要进行动态调整及以何种方式进行调整的问题上，需要各方达成合意和共识。切忌由大股东单方面决定是否进行股权的动态调整及制定相应的调整规则。

其次，在制定调整标准和考核机制的过程中要充分发挥民主作用。各方股东要对细化和量化的衡量标准进行充分协商，在标准的制定中完整地听取和采纳各方股东的意见，尽可能地消除各方的不满情绪。

再次，对于调整的比例制定也要进行协商，避免过于偏激的调整方案；在考核过程中也要充分协商，听取相关股东和激励对象关于没有达成目标的原因和看法，考虑其是否合情合理，是否需要进行调整，在怎样的范围内进行调整。

最后，在调整的过程中也要进行充分协商，对于回购或授予的价格双方要经过各方的沟通，以避免因此产生纠纷。

（3）设计分批成熟的股权制度

当建立了预期以及充分的协商机制后，我们就可以开始设计这种动态调整的机制了。

现实当中绝大多数的股权都是一开始就分完的，且没有调整空间，没有应对变化的机制。试想一下，如果股权并不着急一开始分完，而是设计一定的规则，到了某个阶段再分配多少股权，很大程度上能够解决股权没有调整空间的困局，这就是我们这节所说的分批成熟的概念。

①按工作时间设置成熟条件

比如，公司要给核心团队 30%的股权，但可以用 3 年分批次给，工作满一年就给 10%，这个制度最早是为了留人，如果想工作一年就走，那也只能带走 10%的股权。

在实践中，上面就是按照时间成熟的方法。当然，也可以在一定时间内加速或减速实现，如第 1 年成熟 10%，第 2 年成熟 20%，第 3 年成熟 30%，第 4 年成熟 40%，等等。减速反之。

按照工作时间设置成熟条件适用于比较成熟的公司或者公司后台比较难用量化指标考核的职位，如财务、法务等。

②按项目进度设置成熟条件

对于初创期的公司或者未来有新产品、项目计划的公司以及对于公司里的技术开发人员可以按照项目的进度来对成熟条件进行约定。例如，可设置这样的成熟条件，当其完成产品的设计工作后可成熟 10%的股权，完成产品的研发并制作出样品后可成熟 20%的股权，当产品上市后可成熟 30%的股权，最后产品在质保期内没有发生召回或验证缺陷问题的可成熟最后的 40%股权。

③按融资进度设置成熟条件

如果对公司融资有较高目标，可按照融资的进度来设置相应的成熟条件，融资的进度可以按照融资的轮数来进行设置。例如，当公司完成 A 轮融资时可成熟 40%，当完成 B 轮融资时可成熟 60%。当然，如果对融资轮数目标不确定，也可以按照融资的金额来设置相应的成熟条件。例如，当融资 500 万元时可成熟 15%，当融资达到 1000 万元时可成熟 20%，当融资达到 5000 万元时可成熟 30%，当融资达到 1 亿元时可成熟剩余的 35%。

④按项目业绩设置成熟条件

按照项目业绩设置成熟条件，是最直观的调整形式，而这种条件的设置在设计上也比较简单，只要约定相应的业绩目标和成熟比例即可。比如，业绩目标是引入重要资源，可以根据合伙人引进资源的节奏和进度，释放给他多少比例的股权。这样就不太容易在股权分配后，很快又后悔。

(4) 设计退出机制

很多人在创业时，每天都在想上市敲钟，却从没想过分家散伙。这就像不少人，每天都在想"从此王子和公主过上了幸福的生活"，却没想过万一他们离婚怎么办，孩子归谁？财产归谁？国家继承权归谁？

这个问题的本质是合伙人张三和李四在没有想好如何散伙之前，就贸然开始了合伙。股权只能给予，却不能收回，给公司经营造成巨大风险。

所以，我们应该在合伙协议或者股东协议中提前约定好"散伙条款"。在分配股权时，明确股权退出机制。

举个例子，"得到"是知识服务领域的典型。"得到"的三位创始人罗振宇、脱不花和快刀青衣，他们三人在合伙创业的第一天，就立下过一个"散伙协议"。他们三人约定，无论任何原因，某人不能在这家公司全力以赴了，或者另外两人举手投票某人对公司已经没有价值了，那么某人就需要无条件退出公司，股份交出来，由另外两个人进行分配。

所以，你看，当别人在想怎么合伙时，他们在想怎么散伙，是一支极为冷静的团队。这份"散伙协议"的本质，其实也是一份"合伙协议"，促使合伙人永远全力以赴地为公司创造价值。

当然，实践中的"退出条款"要比"得到"创始人的约定复杂得多。考虑退出的情形，关于股东的约定退出，通常会从两个方面予以考虑：一是主动退出；二是被动退出。

①主动退出

首先,股东主动退出的情形较多。如今创业的成功率并不高,有时公司经营风险过大,以至于超出股东投资的预期,个别股东可能会因此想要退出公司,及时止损;有的股东因个人经济情况发生变故而急需退股套现换取现金;还有因股东之间产生矛盾,难以继续愉快地合作下去而欲退股。

站在公司的立场上,从有利于创新创业项目的稳定性与成功率的角度来看,我们通常会建议客户在退出机制中约定相应的禁止退出的年限。该年限的长短通常取决于公司的实际情况和需求,并针对不同期限的退出,匹配不同的退出价格。

②被动退出

股东被动退出,是指当出现股东之间所约定的某些退出情形时,就强制性地要求相应股东退出公司,剥夺其股东身份。当然对于被动退出的情形,依然需要区分两种情况:一是股东有过错被强制退出;二是股东无过错被强制退出。

有过错退出。当股东出现过错或是重大过失的行为,如股东故意损害公司利益,或因触犯法律、违反职业道德、泄露公司机密、失职或渎职等行为严重损害公司利益或声誉时,可以要求股东强制退出。同时,考虑《公司法》当中,公司的董监高负有忠实义务和勤勉义务。那么下面情况出现的时候,也将被强制退出公司。

·利用职权收受贿赂或者谋取其他非法收入,侵占公司的财产;

·挪用公司资金;

·将公司资金以其个人名义或者以其他个人名义开立账户存储;

·违反公司章程的规定,未经股东会、股东大会或者董事会同意,将公司资金借贷给他人或者以公司财产为他人提供担保;

·违反公司章程的规定或者未经股东会、股东大会同意,与本公司订立合同或进行交易；

・未经股东会或者股东大会同意，利用职务便利为自己或者他人谋取属于公司的商业机会，自营或者为他人经营与所任职公司同类的业务；

・接受他人与公司交易的佣金归为己有；

・擅自披露公司秘密；

・违反对公司忠实义务的其他行为。

无过错退出的情形包括对于股东解雇退出（非股东个人原因），非因工伤工亡的退出，因工伤工亡的退出，因无法正常工作的退出，因个人负有较大债务且短期内无法清偿债务的股权退出等，虽然其个人不存在过错或重大过失，但是因其所发生的行为会影响公司的发展，故可要求其强制退出。为公平起见，在退出价格上必须与有过错的被动退出进行区分。

最后，考虑到退出情形难以穷尽，因此，我们通常会在股权设计方案中赋予股东会解释和补充强制退出情形的权利，约定股东会有权认定其他的强制退出情形。

③锁定退出价格

根据上面所说的不同的退出情形，需要事先约定退出价格。因为通常当股权发生回购情形时，多半股东已经"撕破脸"，很难再通过协商方式确定各方都可接受的股权回购价款。即使协商，各方也会因为价格的高低而产生争议。因此，最好的办法就是事先确定股权回购价款的计算方式。

退出价格的几种参数

・入股时投入资金的成本，且可计算一定的利息；

・退出时公司上一月/季/年度财务报表体现的公司净资产；

・退出时公司上一月/季/年度财务报表体现的公司主营业务收入的一定倍数或系数；

・退出时公司上一月/季/年度财务报表体现的公司净利润的一定倍数或

系数；

- 公司上一轮融资时公司估值的一定折扣价格。

④保障回购价格的动态性

我们曾遇到过这样的案例，公司提前约定了一个固定的股权回购价格，但在股权回购时，尽管公司的实际资产已经严重减少，但丝毫未影响本次股权依然按照约定价格回购的事实，这对回购主体来说有失公平。

因此，为避免因公司资产发生重大变化、事先约定的回购价款过高或过低导致对股东一方或公司一方明显不公，应当约定动态的股权回购价款的计算方式及调整机制，如可以约定一个最低回购价款，并约定在此基础上根据公司的净资产变化而相应调整最终的股权回购价款；还可以提前设置多个价格参数，并按照孰高原则或孰低原则来确定最终的股权回购价格。

⑤参照惩罚性原则来保障价格的公允性

除了前述提及的价格设置方法，从公允性角度考虑，股东在被动退出时如因为存在过错或重大过失而给公司造成实际损失的，在退出价格中可以约定，基本的原则就是带有惩罚性的，根据股东入股原价、公司净资产、公司估值等多个价格参数以最低的价格确定相应的回购价格。同时，退出价格需要除去该股东获取公司分红的部分，并要求其承担相应的赔偿责任。

建立动态调整预期以及充分的协商机制、设计动态退出和分批成熟机制，用这几个方法，可以减少公司"炸雷"的风险。

不过说到底，这些雷区底层还是人性问题。到底该怎么跟合伙人约定股权比例？坦诚沟通+适当妥协+相对合理的股权架构+相应的调整机制，做好这些，初创企业也就有了公司治理的基本保障了。

第四章　核心员工股权激励

在过去的十余年中,市场上股权激励的案例总体上呈持续上升之势,尤其从2017年之后的几年里呈现爆发式增长,截至2023年12月31日,A股上市公司共2929家实施了股权激励。股权激励广度(即股权激励的覆盖率,股权激励广度=实施股权激励家数/上市公司家数＊100%)为54.90%,股权激励深度(即上市公司平均股权激励次数,股权激励深度=股权激励公告个数/股权激励公告家数)为1.75。[①]

可以说,股权激励已然成为市场竞争中吸引人才的重要一环。而股权激励计划能够顺利实施,乃是股权激励能够发挥效果的重要前提。如何把握核心原则、关键要素使得股权激励计划顺利实施是我们本章即将讨论的内容。

一、与企业战略目标相匹配的股权激励才是真正的激励

(一) 案例一:特斯拉公司的股权激励

1. 特斯拉公司发展简要历程

2003年7月,两位来自硅谷的程序员马丁·艾伯哈德和马克·塔彭宁共同创立特斯拉汽车公司(以下简称特斯拉)。由于艾伯哈德缺乏制造经验和启动资金,2004年2月,他找到埃隆·马斯克,马斯克向特斯拉投资630

[①] 《A股2929家上市公司实施股权激励 制造业占比超七成》,载财经网,http://stock.caijing.com.cn/20240104/4982126.shtml,最后访问时间:2024年6月2日。

万美元，并成为董事长。

2008年，特斯拉推出了第一款量产电动汽车Roadster。同年10月，马斯克担任特斯拉CEO，第一批Tesla Roadster下线并开始交付。2012年，特斯拉推出了其第一款家庭电动汽车Model S。2016年，特斯拉收购了太阳能服务的太阳城公司（SolarCity）。2017年，特斯拉推出了面相大众市场和经济实惠的电动轿车Model 3。2020年，特斯拉开始量产Model Y。2021年10月，特斯拉市值首次突破10000亿美元[1]。特斯拉的发展历程充满了创新和突破，推动了电动汽车产业的发展。

2. 特斯拉给马斯克以及高管的三次股权激励计划（2009—2010年、2012年、2018年股权激励计划）

在2009年之前，马斯克所有股权都是通过跟投获得，没有获得任何股权激励。随着特斯拉估值的提升，马斯克难以持续通过跟投获得股权。

此时，特斯拉需要一种长期激励机制，以促使首席执行官持续为公司长期目标的实现而努力。于是，董事会为了将马斯克与特斯拉利益绑定，设计出了颇为大胆的特斯拉股权激励计划。

特斯拉的激励分为两种：针对CEO专门的激励条款和针对高管及核心团队的激励条款。

（1）2009—2010年CEO及高管股权激励计划[2]

2009年第三季度，特斯拉通过对员工和高管团队的绩效评估，推出激励计划。特斯拉本次股权激励的关键升级点在于第一次将股票期权与工作年限脱钩，激励仅基于是否达到所制定的绩效里程碑。在这次的股权激励中，4年内每达成一件公司"里程碑式事件"，即可发放一定数量的股票期权。

---

[1] 《特斯拉市值破万亿美元，马斯克直呼"疯狂"》，载中国新闻网，https://www.chinanews.com.cn/m/cj/2021/10-28/9596627.shtml，最后访问时间：2024年5月16日。

[2] 参见美国证券交易协会（SEC）发布的特斯拉公司年报。

表 4-1　2009—2010 年特斯拉股权激励摘要

时间	2009 年	2010 年
定人	CEO	高管团队
定量	3355986 stock options	683300 stock options
定价	\multicolumn{2}{c}{B-S 期权定价模型}
定时	\multicolumn{2}{c}{有效期四年}
业绩考核	绩效目标	归属比例
	完成 S 型工程原型后	1/4
	成功完成 S 型车辆原型后	1/4
	第一部 Model S 生产完成后	1/4
	第 10000 辆 Model S 生产完成后	1/4

（参见特斯拉招股说明书、年报等上市公司公告）

2010 年，特斯拉发布了针对高管团队的激励条款，涉及约 68 万股股票期权，其中激励条件和模式与 2009 年针对马斯克本人的内容一样。本次股权激励成为公司业务发展的助推剂，伴随着股权激励计划的推行，特斯拉的绩效目标也逐一达成。2012 年 6 月，特斯拉的 Model S 实现交付。2013 年，特斯拉第 10000 辆 Model S 生产完成，本次的股权激励计划圆满落地。

（2）2012 年首席执行官股权激励[①]

Model S 虽然进入大众消费市场，但售价仍让大部分人望而却步，更多的产品研发仍在公司的总体规划之中。为确保 Model X、Model 3 的研发持续成功，并解决马斯克后续股权激励问题，使其薪酬与股东价值增长一致，2012 年 8 月，特斯拉董事会推出"2012 CEO Performance Award"的股权激励计划。

---

① 参见美国证券交易协会（SEC）发布的特斯拉公司年报。

该股权激励计划分别从市值和生产经营两个板块切入,目标是在10年内实现一系列市值和生产经营目标,每个目标被设定为公司的重要里程碑,以确保对马斯克的激励与公司的长期增长目标相一致。市值和生产经营每个板块分别制定了10个小目标,当达成一对指标的时候,即市值和生产经营均达标一个时,马斯克就能拿到特斯拉0.5%的股份激励。如果两个板块的指标全部拿到,马斯克将一共能拿到5%的股份。

此次激励计划中,市值之所以被设定为一项单独的激励板块也是应当时特斯拉之需。2012年,特斯拉提升市值成为当务之急。在制订此次股权激励计划时,特斯拉市值目标以初始基数每涨40亿美元,视为达成了一个市值指标。第十年,即2022年要达成432亿美元,这在当时看来无疑非常具有挑战性。

经营生产部分的指标则挂钩了公司战略层面的指标。因为当时特斯拉主力产品都还没有研发出来,所以指标主要集中在产品研发、营收和规模化问题上。例如设定了完成Model X Alpha原型车、完成Model X Beta原型车、完成第一辆Model X量产车、累计生产10万辆和总产量30万辆等指标。

表4-2 2012年特斯拉股权激励摘要

生产/经营（Operational）	是否完成	股权奖励	Market Cap（市值/美元）	是否达标
研制出Model X Alpha原型车	完成	0.5%股份	1档：72亿	达标
研制出Model X Beta原型车	完成	0.5%股份	2档：112亿	达标
量产Model X车型	完成	0.5%股份	3档：152亿	达标
研制出Model 3 Alpha原型车	完成	0.5%股份	4档：192亿	达标
研制出Model 3 Beta原型车	完成	0.5%股份	5档：232亿	达标
量产Model 3车型	完成	0.5%股份	6档：272亿	达标
毛利率连续4个季度达到30%	完成	0.5%股份	7档：312亿	达标

续表

生产/经营（Operational）	是否完成	股权奖励	Market Cap（市值/美元）	是否达标
总计产出 10 万辆	完成	0.5%股份	8 档：352 亿	达标
总计产出 20 万辆	完成	0.5%股份	9 档：392 亿	达标
总计产出 30 万辆	完成	0.5%股份	10 档：432 亿	达标

此次股权激励计划从结果来看取得了巨大成功，2013 年至 2017 年，特斯拉陆续推出 Model X、Model 3，并实现量产，新增太阳能业务线。自 2012 年业绩股票 2.0 计划实施后的五年内，特斯拉的市值增长了 17 倍。2017 年 3 月，特斯拉的市值就已达到 450 亿美元，提前完成了此次为期十年的市值目标。2017 年年底，10 个经营指标也完成了 9 个，马斯克成功拿到特斯拉 4.5%的股份。2014 年，参照上述股权激励模式，特斯拉向其他高管成员也实施了业绩股票激励。2017 年年初，眼看 2012 年的激励计划在短短五年多的时间里即将基本完成，董事会成员开始讨论如何继续激励马斯克领导特斯拉进入下一阶段的发展。2018 年 3 月，经过薪酬委员会六个月的仔细分析研发，在全国薪酬咨询公司 Compensia 的帮助下，为马斯克制定了更加激进的 10 年股权激励计划即 "2018 CEO Performance Award"。

（参见特斯拉招股说明书、年报等上市公司公告）

（3）2018 年首席执行官股权激励[①]

此次激励计划能够获得的股权奖励比之前更加丰厚，该计划与 2012 年的激励计划模式类似，依旧分为市值和经营两个板块。

不同的是，首先，激励力度更大。本次激励计划平均分为 12 个级别，每个级别达成均可以拿到 1%的股份激励，全都拿到是 12%。其次，就生产经营部分的指标而言，因为公司的研发里程碑已基本达成，实现盈利目标成为本次激励的重点。生产经营指标中，设置了 8 个总营业收入指标、8 个调整后税息折旧及摊销前利润（EBITDA）指标，营收和利润都以公司财报为准，取最近连续四个季度的总和，超过某一级阈值即解锁该级。在全部的 16 个指标中，选取其中的 12 个完成即视为完成生产经营部分的指标。

---

① 参见美国证券交易协会（SEC）发布的特斯拉公司年报。

最后，市值目标制定得更加大胆。2018年特斯拉的市值是590亿，本次激励计划的市值目标从1000亿美元开始，每次增加500亿美元，直至增加到最高6500亿美元。为了实现长期稳定的目标，还约定了需要连续六个月的平均月市值和连续三十天的平均交易日市值均达到某一级阈值，才可以解锁一级。

当马斯克实现公司市值的所有12级指标，以及营收/利润共16级指标中的任意12级即视为成功达成激励指标。这份激励计划与2012年的激励计划还有一个区别，2012年没有规定行权之后还必须持有多长时间，2018年制订的股权激励计划要求马斯克行权之后还必须继续持有5年时间。当然，考虑实际情况，激励计划中允许马斯克出于缴税的目的减持部分股票。

表4-3　2018年特斯拉股权激励摘要

绩效奖	总规模：截至2018年1月19日，即2018年1月21日授予日之前的最后一个交易日（约2030万股期权股）。
	发放数量：12批；截至2018年1月19日，每批占流通总额的1%。
股权类型	非限定股票期权
行权价格	2018年1月21日（授予日），特斯拉普通股的公平市场价值（FMV）为每股350.02美元（基于2018年1月19日，即授予日前最后一个交易日的收盘价）
奖励/考核指标	市值要求
	a. 12个市值指标
	b. 第一个指标是市值为1000亿美元；此后，每一部分需要增加500亿美元的市值，最后一部分的市值高达6500亿美元。
	c. 除控制权变更外，每个市值指标都必须满足两个方面的要求：6个月平均值（基于交易日）；30日平均值（基于交易日）
	经营指标
	a. 16个经营指标，其中最后12个可与所有分批授予的市值指标配对。

续表

	b. 两种类型的经营指标	
	总收入 *	调整后的 EBITDA **
	$ 20.00	$ 1.50
	$ 35.00	$ 3.00
	$ 55.00	$ 4.50
	$ 75.00	$ 6.00
	$ 100.00	$ 8.00
	$ 125.00	$ 10.00
	$ 150.00	$ 12.00
奖励/考核指标	$ 175.00	$ 14.00
	*"收入"是指向美国证券交易委员会（SEC）提交的 10-Q 或 10-K 表格中报告的过去四个连续财政季度的特斯拉总收入	
	**"调整后息税折旧摊销前利润"是指（i）在（ii）利息支出，（iii）（福利）所得税准备金，（iv）折旧和摊销，以及（v）基于股票的补偿之前，归属于普通股股东的净收入（亏损），由于我们在过去四个连续财政季度向美国证券交易委员会提交的 10-Q 或 10-K 表格的财务报表中报告了每个此类项目	
	经过董事会认证的市值指标和经营指标都达到了上述要求，这 12 批股票才会生效	
	16 个经营指标的任何一个都可以与 12 个市值指标中的任何一个相匹配，但任何一个经营指标只能匹配一个市值指标	
	市值指标和经营指标可以在不同的时间点实现，根据任何适用的追回条款、政策或其他没收条款，一旦指标达成，就视为满足了阶段性要求	
绩效奖时间	十年	
考核周期	一年	
行权后持有期	五年	

（参见特斯拉董事会提交的上市公司公告文件）

之后，特斯拉成功完成 Model 3 量产工程。从 2018 年开始，特斯拉实现持续盈利，由此进入稳定盈利的成熟阶段。2021 年，特斯拉的市值已破万亿美金，截至 2022 年 4 月 29 日，这个为期十年的股权激励计划，马斯克实现了 11 个业绩里程碑和 12 个市值里程碑，其中 11 个市值里程碑已通过董事会认证。

虽然该股权激励计划成就了特斯拉，但也因此产生了股东诉讼。就在 2018 年 3 月股东大会批准通过股权激励计划后，一位仅有特斯拉 9 股股份的股东就马斯克的薪酬方案提起了诉讼。在 2024 年 1 月，特拉华州法院在第三次审查后作出裁决，认为该股权激励计划无效。认为无效的原因是董事会该计划在制订过程中未能保持中立地位，以及认为该股权激励计划的薪酬过高。

该判决公布后，各界也议论纷纷。该判决主要从保护股东的角度考虑，但如果从公司战略目的实现的角度来看，2018 年股权激励计划下的主要目标已基本完成，如果股东大会审议通过的激励计划最终又被法院判决推翻，可能反而为公司未来激励的有效性蒙上一层阴霾。从股东反应来看，收到消息当日，公司股价下跌，可见股东并未对法院判决"拍手称快"。

通过这个案例，我们还是希望能从激励计划如何帮助企业实现战略目标等角度给予大家启发。

（二）股权私董会专家点评

我们发现不少企业实施股权激励计划仅仅是为了激励而激励，但股权激励最终的目的还是服务于企业战略目标的实现。特斯拉的股权激励计划最大的特点就是激励方案紧扣公司不同时期的战略目标，不同时期推出的股权激励计划的指标设定随着目标的调整而展现出不同的特点。我们在特斯拉的股权激励计划中应当关注的是如何通过设计股权激励计划以激励马斯克帮助特斯拉实现战略目标。

特斯拉的每一次 CEO 股权激励计划的目的都是激励马斯克为公司的成功和增长做出贡献，通过与公司的市值目标相连接，股权激励计划可以对马斯克的行为和业绩产生积极的激励效果。在设置每次股权激励的里程碑时，特斯拉董事都深思熟虑，考虑因素既包括特斯拉的增长轨迹和内部增长计划，还包括技术领域其他高增长和高倍数的历史业绩、公司的新业务和有形资产。可以说，股权激励计划对于特斯拉来说是举足轻重的。原因如下：

（1）留住关键人才马斯克。除了特斯拉，马斯克还创立了开启私营航天的新时代的 SpaceX 公司。2016 年成立脑机接口公司 Neuralink，2017 年成立隧道挖掘公司 The Boring Company 等。2022 年马斯克正式收购推特公司，成为首席执行官。可见，留住马斯克，让其持续专注于特斯拉的发展至关重要，若激励不足将难以获得这位多产企业家的时间和精力。2018 年，对 CEO 的激励计划中还加入了时间解锁条件也有这方面的考量。激励计划是对个人和公司的双赢，只有人才的长期利益与公司绑定，才能实现长远的发展。

（2）特斯拉从战略规划出发，通过战略里程碑，明确落地路径和必须完成的业绩指标。区别于常见的以精确的财务目标作为授予条件的股权激励方式，特斯拉的股权激励是一种特殊的"里程碑式激励"（Milestone incentive），即公司达成了"里程碑式成就事件"后，就向激励对象发放股权，以达到使 CEO 和高管团队向特定目标冲刺的目的。设置的一系列里程碑事件就如同一根根指挥棒，其指向哪里，CEO 和高管的努力方向就是哪里。从效果上考量，确实立竿见影，这也对一些初创公司起到一定的借鉴作用。在特斯拉 2009—2018 年的股权激励过程中，我们明显看到激励条件从一开始的粗放式授予到精细化授予的转变过程。这也代表着，公司的股权激励方式是随着公司的发展而不断演变的。

那么对于中国的创业公司来说，特斯拉针对 CEO 的激励计划应该如何借鉴？

（1）多次授予优于一次性授予

对激励对象而言，公司分批多次授予股权，其获得的股权数量可以逐渐累积增加。相比一次性授予，激励对象的股权数量是有增长空间的，这也意味着激励对象对于自己的收益有更大的想象空间。

对公司而言，多次授予对应着多次设定目标的机会。如果采用一次性授予，授予协议一旦签署，公司对激励对象业绩上的要求就只能按照授予协议中约定的归属业绩条件执行。但是，创业公司往往面临更加多变的环境，及时调整目标或者增加不同层次、不同方向的目标是适应多变环境的必然动作。通过多次授予股权，公司可以根据每年的经营环境、业务情况，鼓励激励对象向更多层次或者更多方向的目标努力，这样相比一次性授予，公司的激励更加灵活，也能更加及时地与战略目标相结合。关于如何进行多次授予，我们在本书第三章进行过阐述。

（2）目标越明确可量化，激励效果越明显

特斯拉股权激励计划中设置的业绩目标最大的特点之一便是目标明确可量化，目标是否完成、完成了多少、还剩多少没有完成，这些问题不论是在归属过程中，还是在最终进行归属结果考核时，公司和激励对象都是可以做出明确判断的。这不仅能够让激励对象在整个归属过程中，实时了解个人业绩目标完成情况，适时调整策略和节奏，还可以在最终公司做出归属结果判断时，避免和激励对象就完成与否或完成度产生争议，导致更大的负面影响。

我们在为创业公司设计股权激励方案时，发现大多数的创始人和管理团队都能认识到设置公司战略目标和个人业绩考核目标的重要性，但是在具体设置时，却很难意识到目标需要做到足够的"可量化"，或者就算已经意识到"可量化"的重要性，但由于公司业务未来存在太多不确定性而很难真正制定出有效且合理的"可量化"目标。

在这种情况下，就更体现出上述第（1）点"多次授予"的必要性：公司如果当年无法对未来多年的目标设置做到有效合理的可量化，可以先定近期一到两年的目标，待下次授予时再定后续目标。

想要做好股权激励，就要做好长期的规划和运营，千万不要认为这是一个一次性的事情，"给了股权就应该有效果"的想法是无法通过签署一次性授予协议就能实现的。

二、股权激励效果不好？很可能少了关键三步

许多企业做了股权激励之后，面临以下两种困境：第一，股权激励做了，效果不理想；第二，股权分了，激励目的没达到。

在众多实施股权激励的成长型企业中，激励效果显著的只占1/3，有1/3的企业激励得不痛不痒，最坏的情况是做了不如不做。接下来分享的这个案例，就属于第三类。

2019年年底，我们团队接受委托之后，做了关键三步，完全激活了股权激励计划，用企业创始人的原话说"效果完全不同"。自此之后，公司发展驶入快车道，已于科创板过会。

（一）案例二：高科技企业实施股权激励遇瓶劲

E公司是一家高科技企业，以研发为主，员工近千人，多数是来自中科院、微软、IBM、AMD等知名企业的精英，其中具有博士、硕士学位的人员占员工总数的80%。

公司于2015年成立，并分别于2017年、2018年实施了股权激励计划。

原股权激励计划是一个完全"合法、合规"的股权激励计划，但效果就是不理想。创始人反馈是"完全没有起到吸引人、留人的目的"。具体表现在以下三个方面：

1. 薪酬无竞争力，招人难；

2. 人才流失严重，培养起来的员工被行业竞争者以两倍到三倍的薪酬挖走；

3. 士气低迷，积极性低，项目进度严重滞后。

这就是原方案实施后三年，公司面临的困境和挑战。

因此，公司高层向我们提出，希望在原方案基础上进行优化与迭代，并实现下列诉求：

1. 股权激励能保留现有人才，能吸引可实现公司战略目标的核心人才；

2. 构建核心人才中长期激励机制，增强公司组合薪酬的市场竞争力；

3. 激发团队创造价值分享价值，打造"共创、共担、共享"的创业文化。

（二）案情诊断及实施方案

2020年年初，我们团队以线上访谈、视频会议的方式进行调研诊断。分析之后，认为原方案效果不理想的主要原因有四点：

1. 员工参与度很差；

2. 激励规则不透明，员工认为是领导在"拍脑门"定激励对象；

3. 员工认为不公平，拿到的认为少，没拿的不服气；

4. 没分红、没工商变更，不知道自己的股权意味着啥，意义是什么。

最后，效果不理想的主要原因为"三感"不足：员工没有参与感、公平感，对股权没有价值感。诊断结论和分析得到高管层一致认同。

如何弥补"三感"不足的缺陷，我们做了关键三步：

第一步：创造价值共识与认可。

以引导工作坊的方式引领核心团队梳理业务线、人才线、资本线的三线规划、三线贯通，从而在股权价值上达成共识和认可。三线规划的主要内容见表4-4。

表4-4 三线规划与贯通

三线规划	主要内容	目标和效果
业务线	战略与目标、里程碑	目标对齐、上下同频
人才线	关键岗位匹配率 人效、人才成长速度	股权激励对象成熟度（质） 股权激励对象数量
资本线	每股净资产、估值	股权价值塑造、价值呈现

第二步：共创股权分配规则。

在激励总股数不变的情况下，实现激励力度与激励广度的平衡，主要把握以下原则：

1. 核心原则：梳理核心业务、核心竞争力。

2. 二八原则：让20%的核心人才享有80%的激励。

3. 三因素原则：即股权激励分配可参考员工职级、绩效、重大贡献展开。

我们根据上述原则和员工一起确定了持股方式、资金来源、股权来源、确定激励对象、激励数量、价格，以及相应的调整机制、退出机制等。

第三步：明确股权价值阶段性变现路径及规则。

单纯地讲还是不够的，条件允许的情况下，股权激励的结果是让员工实实在在地享受到股权价值。

为此，我们向员工演示了三种股权价值阶段性变现路径与规则，并把主动权交给激励对象。

这样，员工就能清晰地明白股权价值是什么、意味着什么，未来能拿到什么收益，增强大家对于手中股权价值的信心，从而激励大家更投入地工作，让手中的股权更赚钱、更值钱，真正地做到共创、共担、共享。

在整个过程中，核心员工或员工代表充分参与三线共识，规则共创，而且规则是公开、透明的，公平感自然而然产生，自然认可股权价值，不再认为股权激励就是一纸空文。

更关键的是，股权价值感是自身感受的，共识出来的，整体方案得到了领导层、核心员工的一致认同。

1. 领导层给予了高度评价，认为整体方案"服务战略，激活员工""合法、合理、合情"。

2. 核心团队高管认为方案"合理"，并用该方案吸引已离职员工。

3. 顺利落地实施。

在一个月内迅速完成了当期符合条件的激励对象四百多人的授予工作；后续按方案设计，吸引了战略性关键人才加入，加速了公司发展。

在本章内容写作前，笔者了解到，案例中的企业在科创板上市已过会，当初 2020 年共识中的 IPO 已近在眼前。

所以，如果你的企业推行了股权激励计划，但效果不理想，可以补上这关键三步。或者说，你想做股权激励，还没做，为了保证股权激励有激励效果，建议你做好关键三步。

三、股权激励思考与总结

（一）股权激励失败的原因

一些企业股权激励项目推进不下去，管理者觉得明明是一件对员工有利的事情，但是员工就是不买账？我们总结了以下几点原因：

1. 员工没有公平感。方案公布后，员工就会议论，为什么有的人能参与分配，有的人没有资格，有的人拿得多，有的人拿得少。方案本身让大家体会不到公平感。

2. 员工体会不到价值感。股权分的其实是公司未来的整体价值。当企业整体价值很高时，哪怕只有0.1%股权，未来上市以后都是巨款。如果员工不能感知到企业未来的价值而只是纠结于眼前的比例，积极性自然会受挫。

3. 如果既没有公平感，也没有价值感，员工自然不愿意参与。除此之外，如果员工认为购买股权的出资款超出了他们经济能承受的范围，这也会让部分员工望而却步。

（二）如何激发员工的公平感

"为什么他有股票，我没有股票"，"为什么他拿的股票多，我拿的股票少"。做股权激励时，这是很多员工真实的内心戏，这也是所有组织经营者面临的相同激励难题。"不患寡而患不均"，高估自己的贡献，低估别人的贡献，这也是人性。

因此，关于股权激励的"公平感"：一是要有规则；二是规则要相对公平合理，可以服众；三是规则要公开透明。每个人在规则面前都是平等的，但不代表结果必须平等。理想的结果是，拿到股票的被激励，没有拿到股票的在规则面前也感觉公平合理，有奋斗目标、有清晰预期。

股权激励的规则如何制定才能服众，让大家感觉到公平、合理？那就一定不是"见人下菜碟"，拍着脑门给不同的激励对象分配激励的股权数量，有些还要求员工之间相互不准讨论。正确的做法应当是"论功行赏"，根据贡献大小分配股权。

如何去评价与量化"功"？这些是难点。我们可以给的几个参考维度包括：岗位贡献、职级贡献、绩效贡献。

比如，就岗位价值贡献而言，百度的技术岗分配的蛋糕会比较大，腾讯的产品岗分配的蛋糕会比较大。职级价值体现的是越是高位的员工所承担的责任和风险越大，在股权分配上应当有所差别。绩效价值则是根据不同的岗位实际完成的绩效情况来确定是否应当授予激励股份，应当授予多少。

还有的公司也会考虑员工在公司的工龄。工龄在很多公司不是分配"蛋糕"的主要考量因素，但有的公司，如知名的人力资源公司亿康先达就很重视工龄，认为在公司干的时间越长，客户关系越好，价值贡献也越大。企业之间商业模式不同，核心竞争力不同，分配"蛋糕"注重的指标也不一样。

同时，需要提醒的是，我们也需要有"动态激励"的思维。在人力资源管理的视角下，任何激励手段都是边际效用递减的，公司在不同的发展阶段，也会有不同的目标，只有根据公司的整体发展目标适时调整股权激励的方案，才能持续不断地激活企业员工。

（三）如何体现股权的价值感

1. 以"用户思维"做股权激励

产品经理们经常讨论"用户思维"，比较关注产品的"价值感"问题。给公司员工发放激励股权时，持股的公司员工也是公司股票的"用户"。由于公司股权是个复杂的"金融产品"，员工是公司股票的"初等用户"，对股票的理解存在专业不对称、信息不对称与谈判地位不对称的情况，我们就更需要有用户思维与价值感思维。

那么，怎么体现用户思维呢？举几个例子。

公司给某高管发激励股权。一种说法是，公司给他发1%的股权，他对股票的价值感未必高。但是，如果换个说法，公司给他发100万股股票，他对股票的价值感会更高。

再如，公司股票的公允市价是 1 元/股。一种说法是，公司按照公允市价的 20% 给他发激励股权，他的价值感未必高。但是，如果换个说法，他买 1 股股票，公司送他 4 股股票，他对股票的价值感会更高。

在这两个例子中，公司发放的股票数量与定价，其实没有什么差别。唯一不同的是，沟通方式不同。为什么沟通方式的差别会导致股票价值感的差异？这种沟通是不是忽悠员工？其实不是。因为股权是复杂的金融产品，很多创始人也很难说清楚公司值多少钱，我们更不能指望员工能明白。

2. 价值预期管理

(1) 股权价值比股权比例重要

我们发现，有些公司在做股权激励的时候，员工对于被激励的股权比例是多少比较在意，总觉得 1%，或者只有百分之零点几的股权对他没有吸引力。这时候，我们一定要让员工明白股权价值比股权比例重要得多。

例如，如果持有市值 100 亿元的公司 1% 的股权，价值是 1 亿元。如果持有市值 10 亿元的公司 5% 的股权，价值是 5000 万元。如果持有市值 1 亿元的公司 20% 的股权，价值是 2000 万元。所以，并非持有的股权比例高就一定代表股权价值高。因此，做员工激励与引进高管时，应该引导他们更多关注股权价值的大小，而不仅仅是盯着股权比例与股票数量的多少。

(2) 股权未来价值比股权当下价值重要

有三家公司，估值都是 1 亿元，都愿意拿出 1% 股权来吸引高管，这 1% 股权当下市值都是 100 万元。起点是一样的。但是，5 年后，这 3 家公司可能有的原地踏步，公司估值还是 1 亿元。有的公司可能市值 100 亿元，1% 股权市值升值到 1 亿元。有的公司可能已经亏损或破产倒闭，股权成了一张废纸或一笔负债。

(3) 关于行权成本的沟通

激励股权的价值感，一方面和前面讨论到的未来收益有关；另一方面和员工的行权成本有关。在员工行权成本接近股票公允市价，没少折扣或没有折扣的情形下，我们应该从以下几个方面着手做好员工沟通工作，避免员工不理解或者误解激励股权定价，影响激励股权的价值感。

①告知员工投资风险可控。在公司融资后的股权激励中，相当一部分公司采用的激励工具是期权，期权对员工是权利不是义务，未来员工可以选择行使，也可以选择不行使。到了行权时，如果公司股票市价远远高于行权价格，员工看好公司未来发展，员工可以选择行权。如果股票市价低于行权价格，员工也不看好公司未来发展，员工可以放弃行权。和投资方相比，员工是跟投行为，而且可以根据风险判断放弃跟投，员工的投资风险不高。因此，从这个角度来看，期权对员工来说投资风险不高，但可能得到的回报却很高。

②升值空间可预期。一般来说，公司给员工的股权激励价格会参考投资机构的价格给予一定的折扣。但员工即便是按照投资方同等价格跟投进来，专业投资方肯定也是经过专业判断，认为公司还有成长空间，股票还有升值空间才会投资，这也是对公司价值最直接的肯定。这样看来，员工股票还是有增值空间的。

③员工利益最大化的前提是公司整体利益最大化。实践中，如果员工激励股权定价太低，可能出现上市前公司好不容易做出几千万元净利润，但因为员工激励股权定价与公允市价之间差价（股份支付）太大，吃掉公司大量利润，甚至导致公司利润为负。在A股上市，公司还是有盈利要求的，这会影响公司上市。随着公司估值越来越高，如果员工激励股权定价过低，股份支付会吃掉越来越多的公司利润，员工股票无法通过资本市场变现，对员工本人来说也不是最好的结果。所以，只有实现公司整体利益，员工才有可能在这个平台上实现利益最大化。

（4）如何提高员工股权激励的参与感

不少公司股权激励失败，究其原因，员工反映"做了和不做，没啥区别"。期权，对员工而言意味着如下几点：

第一，当下并不需要花真金白银买公司股票。

第二，在花真金白银行权之前，员工并不是公司股东，既不享受任何股东权利，也不承担任何股东义务。

第三，对应公司未来、长期与不确定性的收益。

因此，拿完期权后，不少员工会认为，自己身份也没变化，权利也没有变化，义务也没变化。这么来看，有些股权激励，做了等于没做；有些股权激励，制造了一堆的冲突和纠纷，做了不如不做。

股权激励，员工如何才有参与感？

①循序渐进。通常建议在股权有一定的价值感之后，再做股权激励。价值感也是员工考虑要不要参加激励计划很重要的考量因素，可体现为公司具备一定的现金流，或公司有了可衡量的较高的估值。

②必须出钱，但要降低出钱门槛。当股权的价值足够高，员工哪怕是购买1%可能对应的都是巨款，这时候公司可以采取多种方式来降低员工出资压力，如可以让员工分期出资，用奖金、分红款抵充投资款或者向公司借款。

③要有分红，至少让第一批股东感觉赚到钱了。当然，如果公司确实是规划在未来几年需要做巨大的资金投入决定不分红，也要跟股东解释清楚，做好大家的预期管理，否则后续的激励很难持续推进。

④定期开会，每季度或半年公开一次财务数据，向被激励员工或者员工持股会披露公司经营情况，让大家知道公司的下一步怎么走。让员工感觉到自己真正是这个企业的一分子，对公司未来不迷茫、有信心。

3. 增加股权流动性——要约回购

激励对象被授予的股权想要退出变现，最常见的方式便是待公司上市或被收购后，在满足监管要求的情况下减持股权以换取现金回报。但是，创业公司在最终成功上市或被收购之前，还有漫长的积累过程，少则五六年，多则十几年，而针对激励对象的绑定周期最常见的就是四年，如图4-1所示。

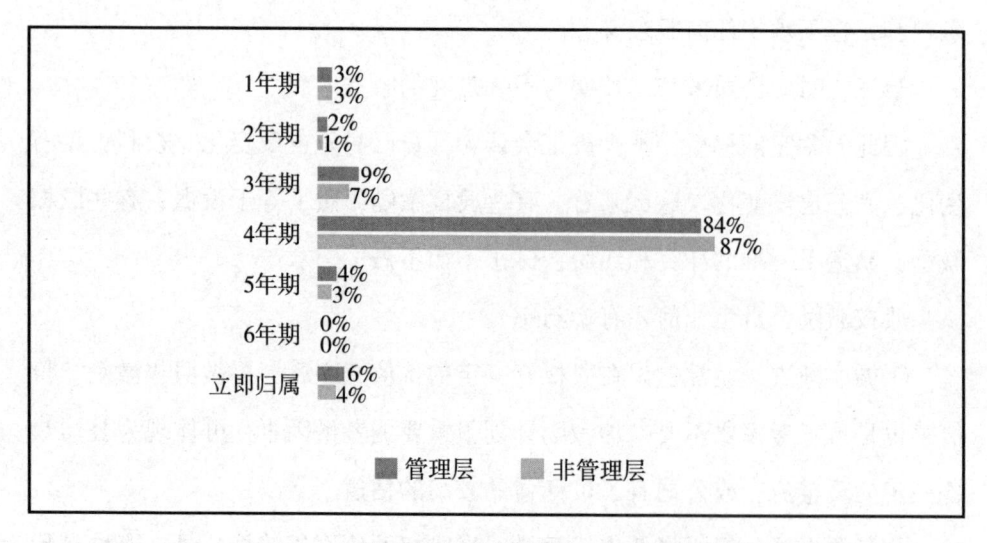

归属年限	管理层	非管理层
1年期	3%	3%
2年期	2%	1%
3年期	9%	7%
4年期	84%	87%
5年期	4%	3%
6年期	0%	0%
立即归属	6%	4%

图4-1　一级市场公司股权激励平均归属年限
（数据参见《2022年易参一级市场股权激励洞察报告》）

当激励对象的股权经过四年实现归属后，如果公司离上市或被收购还有较长的时间，那么这部分股权的价值在很长一段时间内都无法变现，难免会有激励对象萌生"股权激励就是一张纸"的想法。因此我们在为创业公司设计股权激励方案时，可以为激励对象提前考虑要约回购这一退出机制。

（1）要约回购的设置目的

公司设置要约回购的目的主要是在激励对象无法直接感受到公司股权价值的情况下，唤醒激励对象对于股权价值的感知。另外，随着激励对象的不断增多，公司也需要通过要约回购来扩大期权池的余量，从而保持公司整体股权结构的稳定。

要约回购希望达到的效果是：①激励对象提前获得部分股权收益，增强激励效果；②让激励对象认可公司股权的价值；③要约回购完成后仍然要让激励对象持有足够数量的股权以起到后续的绑定作用。

（2）要约回购方案设计思路

首先，公司需要确定本次要约回购资金来源和规模，控制资金预算，避免因要约回购导致现金流紧张。

其次，确定回购价格。出于让激励对象真切感受到股权价值的目的，一般建议公司按照最新估值五折到八折作价回购，但是如果在预算范围内能够回购的股权数量不满足公司需求，如无法扩充足够多的期权池余量，或者无法对不合适的激励对象持有的股权数量进行合理调整，则可以调低回购价格以增加能够回购的股权数量。

再次，确定回购总股数。回购总股数＝资金池总回购资金÷每股回购价格。

最后，确定每位激励对象参与本次要约回购的数量上限。根据公司一级市场股权激励数据库，激励对象单次可以申请要约回购的数量上限一般是其已归属股权的10%—25%。

总之，股权激励的设计，一定要落到"激励"两个字上，股权激励的本质就是"激励"。激励是用有限的资源，激活人去创造更大的价值。但在这个过程中，也更直接面对人的欲望和诉求，所以规则非常重要。

第五章　生态股权整合

我们所处的时代机遇多多，可以说是企业成长最佳的时代。然而，现实中的中小企业也面临融资难与人才激励失效的问题，一些企业在发展过程中也常常遇到各种困难。于是，社会更替推动着雇佣制向合伙人制转变，同时合伙人制也代表着一个时期内企业管理的新思维。从形式上看，合伙人制度大致可以分为股东合伙人、事业合伙人和生态链合伙人三种形式。本章详细介绍生态链合伙人。

从股权设计角度来看，生态链整合大部分情况下意味着寻觅外部合伙人入股，打造生态链合伙人模式。生态链合伙人主要指外部合伙人，如企业的供应商、经销商、客户、投资人、离职员工及其他资源的提供方。生态链合伙人可以说是企业的金矿，采用生态链合伙人制，最大化拓展企业的盈利来源和空间，以实现多方共赢。

一、生态链合伙模式成为企业管理新思维

（一）案例一：老板电器公司——经销商持股计划

2017年3月，老板电器给投资者交出了一份满意的年报。上市六年多，公司深耕、精耕厨房领域，在竞争激烈、市场成交量持续走低的环境下，2016年公司实现营业收入58亿元，净利润12亿元，实现高速增长。[①] 2022

[①] 《老板电器：2016年净利超12亿元 增近5成》，载新浪财经，http://finance.sina.com.cn/stock/t/2017-01-23/doc-ifxzutkf2428810.shtml，最后访问时间：2024年4月15日。

年公司实现营收102.72亿元。同时，公司在资本市场也有不凡的表现。

2015年8月27日，老板电器推出了经销商持股计划，允许部分经销商以40.78元/股的价格购买公司股票；同年12月24日，所涉股票完成购买，共728.12万股，占公司总股本的1.50%。[①] 之后，经销商持股计划所持市值，收益令人欣喜。采用这一模式，增强了对代理商的激励力度，加上实施的渠道变革与合伙人制度，使渠道结构更为扁平化，加速了对三四级市场的拓展力度，同时激励面更广，使公司获得了超越竞争对手的发展速度。

从老板电器的发展我们可以看出，在消费领域，经销商与厂商往往同呼吸、共命运。

早在2008年，也就是老板电器上市前两年，老板电器就已经实施了生态链合伙人制度，将其生态链上重要的代理商"捆绑"在一起。其招股说明书显示，杭州银创投资有限公司在老板电器上市时持有公司2.98%的股权。而银创投资股东主要系发行人代理商的主要股东或负责人共计40人，入股价格为2元/股。假使银创投资未减持股份，则截至2019年银创投资各股东人均市值高达2500万元，收益高达140倍。

（二）案例二：小米公司——运用合伙制孵化了一批生态链企业

小米的合伙制模式，包括了对生态链企业的投资，是传统合伙制模式的对外拓展。

传统的公司做合伙制，一般局限于企业内部，找到一群合伙人（如高管和核心骨干）分钱、分股或者分权，给他们一个合伙人的称呼，激励他们为公司努力奋斗，公司成功了，管理者和合伙人一起分享收益。但说到底，不

---

① 《老板电器核心管理团队及代理商持股计划完成建仓》，载中证网，https://cs.com.cn/ssgs/gsxw/201512/t20151224_4870262.html，最后访问时间：2024年6月2日。

管怎么合伙，管理者还是管理者，员工还是员工，身份没变。

小米的合伙制则大大地超越了传统模式。一方面，小米在公司内部也推行传统的合伙制，将近10个高管加入小米公司顶级合伙人团队，其他几千名核心员工是小米公司股权激励对象。顶级合伙人除了分钱、分股份，还能在公司决策上有话语权。另一方面，小米公司还投资了很多生态链企业，这是传统合伙制模式的对外拓展。生态链企业是小米出钱，创业团队出人，生产外包，借助小米的品牌和渠道进行产品销售。对于生态链的创业团队来说，他们也成为公司管理者，和小米是合作关系，是真正意义上的合伙关系。这是从本质上超越传统合伙制的地方。

实际上，早在2014年小米手机销售额突破100亿美元时，小米公司负责人就曾表示，想在五年内切入100个细分领域，带动整个智能硬件的发展，把小米从一个大船变成整个舰队。所以，小米一直坚持以下投资原则：

1. 只参股，不控股——对于绝大多数生态链企业，小米只参股5%—20%，而不是直接控股，这种做法的好处就是不用投入过多的精力，却能享受企业发展所带来的红利。

2. 只帮忙，不添乱——小米输入企业文化、产品理念、供应链、销售平台等，不干涉具体内部事宜。

3. 所有企业员工利益高度一致——小米内部的生态链核心员工大部分在众米有限合伙的十五个持股平台上持股，真正地做到了"利出一孔，力出一孔"。

小米的这种模式是通过选择行业内的优质企业，投资但不控股，授权使用小米品牌（如紫米移动电源、云米净水器、华米可穿戴设备），帮助这些企业定义产品、设计产品、协助研发、背书供应链，提供小米的销售渠道、平台与售后服务。同时在这一过程中，小米把自己对于品质的苛刻和对于成本的控制两大基因注入投资对象身上，甚至还会帮助对方一起改造生产线。

正是通过这种投资理念，从 2013 年开始布局生态链以来，小米投资、孵化了 200 多家生态链公司，其中，超过 90 家是专注于发展智能硬件及生活消费产品的公司，它们和小米共同构建起了手机周边、智能硬件、生活消费品三层产品矩阵①，并成功孵化出了紫米、华米、云米、智米等若干个单一领域的独角兽企业。

（三）股权私董会专家点评

1. 明确的价值贡献产出方式，是生态链股权激励的重要基础

通过一定的机制设计明确各类合作伙伴（如生产商、品牌商、渠道商、营销人员）在生态链中的角色、定位及价值贡献方式，匹配合理的激励方式、激励力度和激励周期，保障正确的激励方向是真正实现股权激励共创事业、共享利益、共担风险的前提和基础。

2. 通过业绩竞争动态排名，避免生态链伙伴躺在"功劳簿"上

采用"赛马制"，基于业绩竞争排名，定期动态调整激励对象，确定利益分配额度，让被激励对象一直处于竞争关系中，并迫使其持续奋斗，创造长期业绩贡献，避免其搭便车和停留在历史贡献上一劳永逸，真正导向了对价值创造者和业绩贡献者的激励，并帮助激励机制持续保持活力。

3. 有效控盘，最大化分利，促进生态链合伙人体系良性持续发展

生态链合作是在博弈基础上的合作，在具体的经营管理中，需要通过多种方式掌握实际的控制权，避免在行业调整或其他特殊时期双方目标发生分歧时陷于被动。但在利益分享上，需要多给优质合作伙伴让利，充分激发优质合作伙伴的积极性，促进更加长期、稳定的合作。

---

① 《小米招股书公开 透露哪些核心数据？》，载央广网，http://finance.cnr.cn/gundong/20180504/t20180504_524222287.shtml，最后访问时间：2024 年 2 月 2 日。

二、连锁企业如何用股权进行裂变

餐饮、教育、消费品都是典型的连锁企业模式。连锁企业发展到一定阶段，一般都会面临以下四个难题：

1. 人才复制：如何降低人员流失率，快速、大批量培养人才，实现人才裂变？

2. 业绩增长：不论是新增门店还是老门店，如何经营才能持续保证业绩增长？

3. 门店裂变：如何在短时间内快速扩张店面并占领市场？

4. 企业文化：如何让企业文化渗透到组织内部，让员工自奋扬鞭，保持战斗力、学习力？

以上问题的核心其实就是人，人的问题解决了，组织、业绩的问题也就迎刃而解了。在连锁企业中，合伙模式恰恰能更好地解决人的问题，通过合伙模式聚人、聚心，得业绩，立品牌。

（一）案例：喜家德公司的经营发展，连锁品牌如何打造合伙人模式

1. 喜家德公司早期的"358合伙人机制"[①]

喜家德是一个经营水饺的公司，2002年从黑龙江鹤岗起家，发展到在全国超过700家门店连锁、遍布40多个城市，企业员工超过8000人。经过20多年的经营发展，已在水饺品类有了品牌影响。其从2005年开始创立的"358合伙人机制"也被业内学习和借鉴。

[①] 参见《喜家德发展的秘密——新358合伙人机制》，载中国经济新闻网，https://www.cet.com.cn/xwsd/3337983.shtml，最后访问时间：2024年2月2日。

3%：业绩增长全国排名在11%—50%的单店店长，无须自己投钱，直接得到单店3%的股份分红；

5%：业绩增长全国排名在前10%的单店店长，无须自己投钱，直接得到单店5%的股份分红；

8%：对于竞争胜出能力优异的伙伴，在正式成为单店占股的合伙人后，需要投钱出资入股，8%是每位合伙人开出的首个8家店的每家店投资比例，投资股份按月度分红结算。

另外还有"20"，就是20%，如果店长成为片区经理，可以独立负责选址经营，此时就可以获得新店"投资入股20%"的权利。这种方式极大地调动了店长培养人的积极性，并且店长与新店长之间利益无关，沟通成本极低。

通过此种方式，店长不再是纯粹的员工，更是喜家德的事业合伙人，他们会更积极主动地培养优秀人才。因为喜家德的店长除了工资之外，还有分红和裂变的收入。在员工之间形成"比、学、赶、帮、超"的风气，具体如图5-1所示。

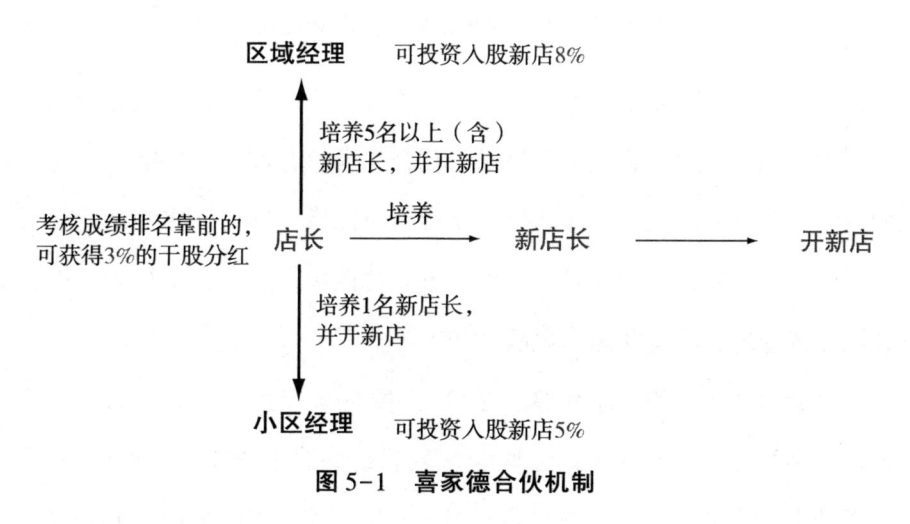

图5-1　喜家德合伙机制

2. 企业合伙人计划：人才战略升级

喜家德后来意识到"358合伙人机制"只是一个内部合伙机制，会遇到

天花板，而只有启动外部裂变，才能实现最终的快速裂变。

2019年2月后，喜家德人才战略再升级，合伙人模式更进一步，最多可以让合伙人分到门店超过30%的股份，这一激励力度更大，具体如图5-2所示。

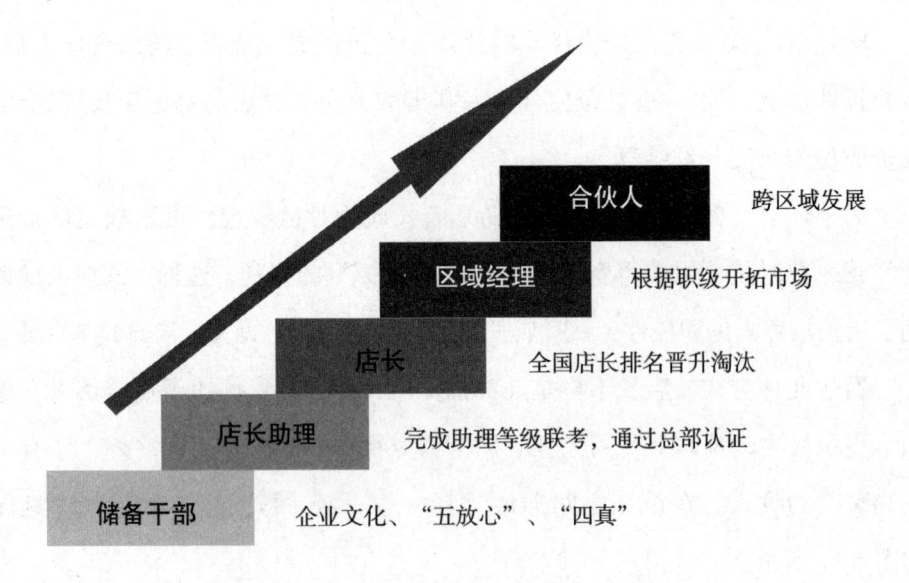

合伙人	跨区域发展
区域经理	根据职级开拓市场
店长	全国店长排名晋升淘汰
店长助理	完成助理等级联考，通过总部认证
储备干部	企业文化、"五放心"、"四真"

图5-2 喜家德储备管理岗成长之路

这次的合伙人制度是喜家德的一种开放性合作方式，合伙人并不只是在内部选拔，也从外部招募。也就是说，符合喜家德合伙人招募标准的可与喜家德共同出资经营新店。但并非投资之后就可以撒手不管，作为创业经营合伙人，需要合伙人亲力亲为经营店面，喜家德则提供统一的支持和辅助，双方共同经营管理，收益共赢，风险共担。

喜家德对合伙人的要求包括：（1）需要本人亲力亲为管理店面，原则上谁投资谁管理，不能从事第二职业、兼职或其他生意项目；（2）开店城市与区域由喜家德每年统一作战略规划，合伙人需要跟随公司一起开发，并进入新城市。

而这次的合伙人模式，合伙人无须缴纳加盟费、品牌使用费等费用，而是将合伙人投入的资金作为其所持有的店面的股份，合伙人根据出资情况可以占到股份的8%—32%。

然而，申请了喜家德的合伙人也并不意味着能马上参股开店，前期还要经过磨合期和店面培训期，让合作申请人与喜家德进行充分的双向评估、考察。对申请人的考核就是让他的经营管理能力在6个月内得到验证，证明其具备开店的资格，同时也要考量合作申请人专业能力在组织内部的决策与贡献程度。

通过启动企业合伙人计划，喜家德不断招募了更多认同公司企业文化、愿意合伙共赢的外部中高层创业人才，进一步推进了公司的发展。

（二）股权私董会专家点评

相较于通过营销、资本带来的一个月内开店数十家、上百家的连锁企业，喜家德并不以开店速度见长，而是长期扎根于组织研究，持续打造扎实组织。

从2005年的"358合伙人机制"和2019年实行的新的合伙人制度，可以看出喜家德的合伙人机制尽管经历过修修补补、不断完善，但核心逻辑却从没变过。

这套机制最大的价值：一是明确了责任主体，店长是门店的主人，合伙人是企业的主人，自我管理最有效；二是构建了有效的激励机制，让员工或外部合伙人有向上发展的通道，也就是能力越强，股份越多，三者正向循环，实现良性增长。

设计门店合伙人模式的核心要素都包括哪些？

1. 设计激励体系

激励机制一般包括物质激励、精神激励。物质激励包括股权机制、薪酬机制、对赌机制、裂变机制。其中，物质激励体系可能包括两个层面：首先，店长层面激励。店长层面的激励除参考喜家德的层层递进的激励方式外，还可以考虑搭配对赌机制，与新店长设立每年业绩的对赌机制，超过基准业绩的一定比例，店长每投1%股份，公司相应赠送不超过1%的股份。同时，为了绑定更多的店长，也可以允许店长以每月分红的一定比例返投回母公司，让店长在母公司的平台上也能享受更多益处，强化其主人翁意识，在架构上形成闭环，让店长和企业之间真正形成共同体的架构。

其次，门店其他员工激励。在一些零售行业，尤其是像以生鲜果蔬作为核心竞争力的超市，一线员工的重要性会更加凸显。永辉超市生鲜从田间到门店的损耗率远低于平均水平，如蔬菜的损耗率一般在10%—15%，永辉则只有5%左右[1]。这和其生鲜采购配有运输车队，且有专门的除水处理系统有关。当然，也和其一线员工的行为有关。永辉超市董事长发现激烈的市场竞争让零售企业更多地关注于如何获取外部客户，也让企业忘了它的"内部客户"，也就是员工，尤其是一线员工。一线员工不仅直接决定果蔬损耗率，也就是利润。同时，他们的行为也会对消费者的购买行为产生不小的影响，他们能决定到底是让80%的客户多买一点，还是让80%的客户少买一点。

在这个背景下，永辉超市对一线员工实行"合伙人制"。只要是有利于实现利润增长和降低损耗这两个目标的相关的人员都可以作为激励对象，包括后勤人员和一部分固定小时工。合伙人制度的实行让一线员工除每月固定的工资外还能额外得到一笔奖金，它的奖金计算是一套复杂的公式，首先是以门店的超额利润作为奖金包的总额，每个业务部门都会设定毛利目标，同时还会根据各业务部门毛利目标的完成情况进行排名，根据排名情况，每个部门的合伙人在分钱的时候都会乘以排名对应的系数，就连员工的出勤也会折算成系数，最后综合计算出每个人应得的奖金包。员工主动性提高了，鸡

---

[1] 《超市进军菜店回击电商入侵 衍生新业态》，载中国网，http://finance.china.com.cn/consume/syal/20140930/2707446.shtml，最后访问时间：2024年2月2日。

蛋轻拿轻放，蔬菜注意保鲜，损耗率降低。

永辉超市合伙人的成功，具有很强的代表性。留住人才，激发员工积极性，把薪酬和绩效挂钩，把门店的利益和个人目标一致化，管理者想干的，也是员工想干的。企业业绩增长，员工也能得到加薪。

2. 设计增量方案

门店合伙人的收入结构与一般职业经理人的收入结构区别在于多了两种收入，即投资分红和裂变收入。分红是合伙人制度设计中的关键要素。设计分红方案时，一切以业绩增量为出发点，先增量后合伙。例如，上面提到的永辉超市的案例，每家门店只有超额利润的部分才拿出来分红。因此，增量分红的基数即增量业绩。

增量业绩=今年总业绩-去年同期业绩。例如，某公司去年的净利润为600万元，今年达到了1300万元。该公司的增量业绩提成可以设计为：业绩在600万元以内的部分按照10%分红；业绩在600万元至1000万元部分，按照超过部分的15%来分红，业绩在1000万元至1500万元部分，按照超过部分的20%来分红。

业绩越是高的区间，设定的比例就越高，如此更能激发员工达成目标。不用过于担心目标设定得太高，对于较高的业绩目标，只要有一个人实现目标，标杆树立起来，榜样的力量就可以持续发挥作用。企业会自动产生"发动员工、教育员工"的氛围，整个组织都会越来越往前走，呈现螺旋上升的态势。

而对于低于存量部分的业绩，我们建议降低该部分分红，甚至是不分。把更"刺激"的比例放到希望激励到员工努力达成的业绩目标区间。

需要提醒企业的是，这个增量的分红规则并非定下来就一劳永逸。企业每年根据自身盈利情况、员工实际需求，调整规则。只要把规则调试到让奋斗者得到更多的回报，企业就能吸引更多的奋斗者。

3. 运行合伙机制

除上述激励机制外，合伙机制还包括进入、退出机制，管理机制，权责机制，文化机制。尤其是合伙人进出机制是关系着合伙机制是否能够保持活力的重要因素，建立准入机制，让合适的人进来，让价值观、业务能力、水平不能适应发展要求的老合伙人退出，而不至于因为早期的贡献躺在功劳簿上"睡大觉"。

退出条款需要考虑合伙人主动退出、被动退出的不同情况，被动退出的条件主要体现在对绩效和约束行为的要求上。举例来说，如果不能持续达到预期绩效，则意味着不能持续创造价值，应当退出。门店合伙人如果违反总部管理规定、出现扰乱价格、随意更换采购渠道等踩到企业高压线的行为，更应当坚决要求退出。

企业应当有意识地让机制替代主观意志，把绩效考核、价值观、能力评价、高压线等机制建设好，让机制发挥作用，成为所有合伙人的"共同语言"。

4. 机制的动态调整

一家长期发展的连锁企业从最初的单店到区域内的 10 家门店，再到跨区域开店，经历的历程短则几年，长则超过 10 年。在门店不断地扩张过程中，随着市场环境的变化、品牌势能的积累、外部融资的青睐、人才积累，会存在新的机遇、新的调整。

最初使用的扩张模式、激励机制在发展的更长的周期内也需要随着上述因素的变化而调整。例如，喜家德的"358 合伙人机制"到包容外部合伙人的制度，在合伙人的模式上一直在探索。

因此，根据企业经营进展、外部环境变化、资本进入等情况对合伙计划进行动态调整也是合伙人制度运行的关键。

三、设计生态链合伙模式的注意事项及实操指南

下面我们针对生态链合伙模式激励制度展开介绍。

(一) 生态链合伙模式的选择

从产业链的角度来看,生态链合伙可分为上游合伙、下游合伙,前者主要表现为供应商合伙、制造商合伙、原材料商合伙,后者包括经销商合伙、项目合伙、城市合伙等。从本质上来说,就是如何把有能力的、有资源的、有资金的人变成合伙人。常见的操作模式主要有以下三种:

1. 渠道入股企业

生态链上经销商与厂商通过有效的合伙人模式实现了利益捆绑,各经销商通过自身的努力,为公司创造效益,并最终获得双赢。老板电器正是通过建立有效的、长期的经销商激励制度,使企业实现了高速发展并一举成为中国厨电行业的"领头羊"。经销商持股计划成为众多 A 股消费类上市公司的选择,其思路与老板电器经销商持股计划相似,目的是经销商通过持有上市公司股权,大幅提升公司业绩,分享业绩成长带来的市值增长,从根本上解决经销商非体制内的问题。

2. 企业入股渠道

生态链企业从背靠大树到彻底分家,是企业老板从半独立到独立的必然选择。道理很简单,鸟儿的翅膀硬了,总是要自己飞的。这是生态链企业发展的必然规律。小米的生态链模式,值得很多想做外部合伙的企业家借鉴。从员工合伙到生态链合伙,再到自立门户,是这个社会合伙制发展的一般规律,剩下的都是过程和细节。老板围绕自己的核心主业,找到有创业精神的人才,打造外部生态链公司,人才的潜力也将得到充分释放,企业发展的边

界将不可限量。

3. 现金激励模式

现金激励模式是一种充分考虑企业与经销商人员双赢的有效机制，相较于股权，现金激励模式较持股模式适用性更广，对于绝大多数经销商人员来说效果更为直接，有着不可替代的激励作用。经销商是独立的经营机构，拥有商品的所有权，与厂家并无直接的劳务合同关系。现金激励机制对于经销商更具有直观的诱惑力，能最有效地起到激励作用。在这种激励制度之下，任何一名经销商人员都会更加努力地工作来获取额外收益，只有当他们销售的产品数量和产品价值升高，他们才能获得除了原本固有利润空间之外的附加现金奖励。

（二）生态链合伙模式的实施要点

1. 打造生态链合伙模式时，尽量不脱离本企业和本企业所在行业，顺势而为。

2. 建议以合伙企业或有限公司的形式入股，尽可能避免自然人直接注资入股的方式。因为供应商成为直接股东以后，便具有知情权。按照《公司法》的相关规定，股东有查看企业财务报表的权利。在这种情况下企业产品的价格、策略、利润的空间、采购的底线等都会有暴露的风险。

3. 外部合伙人的代理商和非外部合伙人的代理商，客观上存在权责利的区别，要充分考虑生态链合伙人的利益及关注点，制定不同的利益分配机制和合作机制，平衡多方利益。

4. 外部合伙人模式大大地调动了代理商和销售人员之间的积极性，但从另外一个角度来看，也可能导致代理商的盲目扩张。因此，要动态管理生态链合伙人，制定规则来规范合伙人的行为。

(三) 外部合伙人股权激励的操作要点

1. 关于持股方式

根据上市规则和监管要求，拟上市公司的股东中存在契约型基金、资产管理计划和信托计划的，则必须在申报材料前统一清理，这是约定俗成的规则，因此通常建议采用有限合伙企业或有限公司持股平台的方式。

2. 关于股份来源

经销商持股计划的股份来源于大股东转让或非公开发行。其中非公开发行中采用定向增发的方式最为常见。

3. 关于人数限制

激励人数的限制主要考虑有限公司或股份公司的股东人数上限，其中有限公司持股股东不得突破50人，股份公司股东通常不得突破200人，如果突破200人限制则纳入非上市公众公司监管范围[①]。

对于上市公司而言，采用非公开发行股份方式的，发行对象人数不得超过35名，其中发行对象包括法人、自然人及其他合法的投资组织，同时根据证监会审核要求，如果进行穿透计算到自然人，定增人数不得超过200人。[②]

若公司上市前拟激励的经销商数量过多，一是可以通过多设立几个持股

---

① 参见《非上市公众公司监督管理办法》（2023年2月17日中国证券监督管理委员会修订）。

第二条："本办法所称非上市公众公司（以下简称公众公司）是指有下列情形之一且其股票未在证券交易所上市交易的股份有限公司：（一）股票向特定对象发行或者转让导致股东累计超过二百人；（二）股票公开转让。"

第四条："公众公司公开转让股票应当在全国中小企业股份转让系统（以下简称全国股转系统）进行，公开转让的公众公司股票应当在中国证券登记结算公司集中登记存管。"

② 《上市公司证券发行注册管理办法》第五十五条："上市公司向特定对象发行证券，发行对象应当符合股东大会决议规定的条件，且每次发行对象不超过三十五名。发行对象为境外战略投资者的，应当遵守国家的相关规定。"

平台的方式解决；二是建议可择优选取部分核心经销商优先入股，可以从市场份额、经营效益、经营年限等方面甄选。

4. 关于股份比例

拟上市通过股份转让、增资扩股的方式吸纳优秀经销商为公司股东，不得构成公司上市的实质性障碍，所以不要超过5%的红线标准，否则将被认定为关联方，从而涉及关联交易、同业竞争等一系列问题，可能造成上市的风险和障碍。此外，拟上市公司经销商激励股份来源于股权转让、增资扩股的，需关注"突击入股"的相关锁定规定。

已上市公司采用非公开方式发行股份的，仍需注意经销商持股计划累计对应的股票总数占公司股本总额的比例，通常为5%—10%，单个经销商认购的股份比例一般为1%—5%。

5. 关于控制权

激励过程中需要注意创始股东的股权稀释风险，无论股权转让还是增资，必然会面对账面股权的减持或稀释，这将对公司未来的治理结构及控制关系产生影响。如果股权激励对创始股东/实际控制人的股权稀释过大，可能造成公司实际控制人发生变更，从而对公司的上市主体资格造成负面影响。因此在确定标的股权的比例时，应结合公司发展阶段和实际情况，同时为未来数轮融资的进一步稀释留出空间。

6. 关于退出机制

①常见的退出方式

· 由企业或股东回购；

· 在进行重大股权变更时或引入新的投资时转让期权池股权；

· IPO后退出，这是最理想、最乐观的退出模式；

· 在一定期限后企业回购员工股权。

②退股的转让价格或回购价格的设定

关于退出的价格可以参考本书第三章《创始股东股权分配》中关于设计退出机制的内容。

(四) 上市需求下，可能影响企业上市的问题

上市需求下，可能影响企业上市的问题：

1. 存在非公允性关联交易。
2. 对股东经销商实行特殊定价政策，交易定价不合理。
3. 股东经销商的利润收入在公司利润总额中的占比过高。
4. 公司与股东经销商在业务、资产、人员、财务等方面未独立；在业务方面对股东经销商存在严重依赖。

注：以上问题均有解决方案，但需要专业人士设计，消除隐患。

最后必须强调，虽然合伙人制代表着一个时期内企业管理的新思维，但是人们也需要有理性的认识，世界上没有万能的事物和工具，合伙人制度也不是万能的。合伙人制度是一个系统化的工程，需要与企业文化、经营战略、公司治理、薪酬体系、绩效考核等各种要素相结合，才能真正发挥其优势。企业引入和实施合伙人制度必须根据企业实际情况进行科学规划，不能违背合伙人制度的根本原则，即共享愿景、共谋发展、共享利润、共担风险，也不能违背管理法则，即真心赏识、真诚合作、相互尊重、相互认可。

四、实操案例：产业互联网公司利用内、外合伙人制度提升品牌效能、实现效益倍增

为了让大家更好地理解生态链合伙模式的核心股权架构的搭建和落地，我们对一个实操项目进行了脱敏处理后呈现给大家。产业互联网公司利用

内、外合伙人制度提升品牌效能、实现效益倍增。

1. 案例背景

K 公司是一家"用互联网数字技术服务上下游,更精准地、更高效地为顾客创造价值"的精耕于化工行业的产业互联网公司。

K 公司拿到 A 轮投资后,创始人一直在思考以下问题:

· 如何通过股权赋能更多行业内传统模式经营的企业;

· 如何通过股权激励员工更多地关注长期战略;

· 如何通过股权杠杆提升品牌效能。

为此,创始人找到我们团队,希望提供专业的股权服务。

在首次沟通的过程中,创始人提出了两大基本需求:

· 链接行业人才:现在有十几个行业项目部,未来计划设置上百个项目部,需要吸纳外部行业人才、培养复制内部人才。

· 做一套上市之前都能用的长期激励方案。

基于项目需求,在项目调研后,公司确定了项目三大基本框架内容:

· 股权整体布局规划;

· 构建内外合伙人模型;

· 主体公司股权激励。

2. 股权整体布局规划

(1) 股权整体布局设置要考虑三大原则:

股权规划设计,总体上要"公司风险可控、组织富有弹性"。基于此,我们从以下三点考虑:

①有利于创始人控制:股权架构的设计要有前瞻性和可调整性,注意创始人决策权的设计。

②有利于企业融资:股权比例平均化、股权过于集中等都不利于企业融资,股权设计要注意避免这些问题。

③使组织充满活力：股权规划动态可调整、责权利清晰、激励有力，使组织充满活力。

（2）"433股权架构"构建生态股权规划

①控制层：解决天使投资人自然人持股股权分散问题，创始人做普通合伙人（GP），控制权达到80%以上。

②分利层：设置人力股持股平台（有限合伙）、资源股持股平台（有限合伙）、设置天使投资人（自然人）资金股持股平台。

③主体层：明确主体层核心业务、核心组织架构，以明确谁创造主要价值，谁分配主要利益。

④业务层：根据业务性质设置三种合伙人模型，建立生态分享利益，快速赋能复制，以激活业务组织，和盟友快速做大业务，具体如图5-3所示。

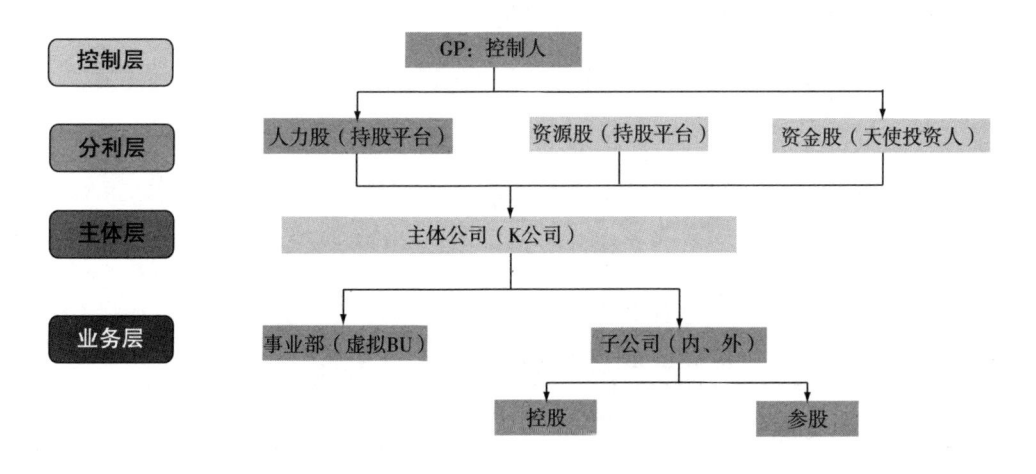

图5-3 "433股权架构"示意图

3. 构建内外合伙人模型

（1）外部合伙人模型

以上述K公司为例。通过调研我们了解到K公司所属行业多是销售额不到1亿元的小公司，行业人才多数在这类公司，在固有模式当下虽然逐年业务下滑但仍然有相对可观的收入，单纯的职业经理人定位很难吸引这类人加入。

根据业务性质不同,我们设置了两类合伙人模型:

①事业合伙人:对于与主营业务关联性强的战略性业务,主体公司并购控制51%以上,成为控股股东,以增强资源优势,构建规模壁垒。

②生态合伙人:与主营业务关联性不强的项目,主体公司投资不控股,投资控制在20%以内,进行资源整合,以增强业务的协调性。

同时明确合伙人画像:有成功运营操盘经验,认同公司价值观,认同公司模式和路径,愿意接受公司的赋能和改造。

(2) 内部合伙人

①绩效合伙人:对于核心主业,为激发组织的积极性、灵活性、创造性,划小单元设置虚拟BU(Business Unit,业务部门),虚拟BU团队可享受20%—40%银股[①]激励,共享发展成果。

②事业合伙人:基于战略目标,相对独立运作的单元,属于未来重点发展领域,鼓励员工内部创业,根据项目属性运营团队可参股30%—60%。

③内部合伙人裂变:鼓励合伙人培养、合伙人复制,内部合伙人团队或业绩达到一定的规模,可裂变新合伙人。裂变股权分配及利益分配情况见表5-1。

表5-1 裂变股权分配及利益分配情况

总股本(元)	股东	出资核算(元)	参股比例	分红比例	
				投资性分红	经营性分红
100万	公司	100万×80%=80万元	80%	60%	—
	原子公司负责人	100万×10%=10万元	10%	10%	—
	子公司负责人	100万×10%=10万元	10%	10%	20%
	子公司团队	—	—	—	

---

① 指股东以资金的形式参股。

推行内部合伙人六大步骤，具体如图5-4所示。

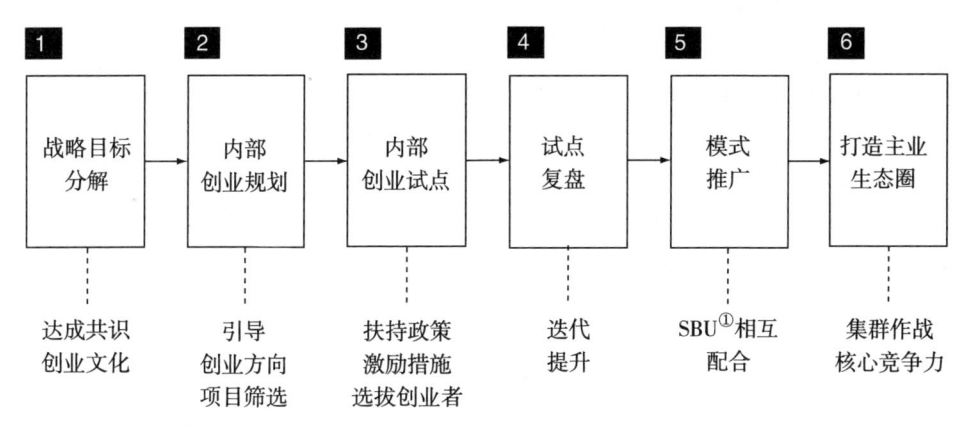

```
1            2            3            4            5            6
战略目标      内部         内部         试点         模式         打造主业
分解         创业规划      创业试点      复盘         推广         生态圈

达成共识     引导         扶持政策      迭代         SBU①相互     集群作战
创业文化     创业方向     激励措施      提升         配合         核心竞争力
             项目筛选     选拔创业者
```

图 5-4　推行内部合伙人

4. 主体公司股权激励

公司股权激励效果如何，关键在于在员工心目中事业够不够大、能不能实现、是否被验证。

通过三线规划工作坊，我们和核心团队达成一致，按照销售额倍数计算估值。大家一致同意公司的内部估值规则如下（在有融资的情况下参考外部融资估值），以此作为内部股权的定价方式，极大地增强了员工对公司发展的信心、对股权实现价值倍增的信心，具体如图5-5所示。

年度	实际销售额	产品类别占比	核算估值
2019年	5.8亿元	A类产品94.55%	5.64亿元
		B类产品5.45%	取5.5亿元
2020年	11.96亿元	A类产品24.51%	10.49亿元
		B类产品75.49%	取10亿元

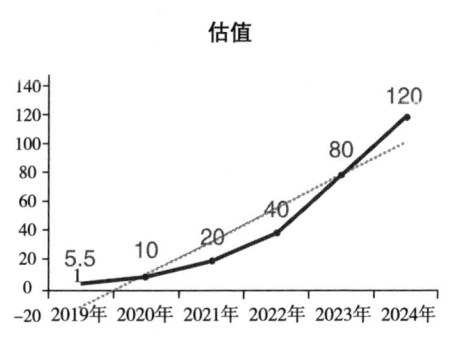

估值曲线：5.5（2019）、10（2020）、20（2021）、40（2022）、80（2023）、120（2024）

图 5-5　内部估值=A类产品销售额×1+B类产品销售额×0.5

---

① SBU（Strategical Business Unite，战略业务部门）。

用清晰的路径推演出股权价值,为激励员工,给员工注入强心剂:若公司实现3年目标,公司每年估值将呈现图5-5所示的倍数级增长,员工每年分期授予的股权对应的价值最高是员工实际出资价值的53倍。

5. 方案实施成果

(1) 方案实施的当年成功链接12家同行合伙人,内部孵化5个业务部门(BU),2个控股子公司;

(2) 总部73人参与股权激励;

(3) 8个月实现全年目标,2021年业绩翻3翻,比原目标多了1倍,外部估值30亿元,比原计划高10亿元。

第六章　企业股权融资

企业若想做大做强，必然离不开资金的支持。科技类企业需要投入研发费用，互联网企业需要运营和流量成本，传统制造业需要环保和用人成本，这些成本都需要资金来做坚强后盾。

企业融资一般有两种方式，债权融资和股权融资。对于处于初创阶段的企业，没有抵押物、信用评级低，银行或者其他的金融机构很难对其放款。在这种情况下，股权融资对于初创型企业无疑是最好的选择。创始人稀释一部分股权给投资机构，投资机构按照事先谈好的估值投钱到公司。借助投资机构的钱帮助企业做大、做强，这是越来越多初创型企业的选择。

企业如何既成功融资，又不因接受投资而置于被动境地，是本章要探讨的问题，本章将针对"企业股权融资"这个议题展开。

我们先看一个创业案例：创始人因股权融资失去控制权被迫退出公司，并且被投资人要求承担巨额回购义务。

一、投融资协议中的"对赌"风险

（一）案例一：创业者被迫出局仍需承担回购义务？

3年前创始人被投资人赶出公司，3年后公司没有上市，创始人依然要赔3000多万元。

对于创业者张总（化名）而言，2020年是他最难忘的一年。因为他收到了某市中级人民法院的二审判决书，判令他赔偿投资人因上市失败的对赌回购款 3000 多万元。

创业者张总随后详细描述了自己是如何被合伙人和外部投资人联合设局将自己踢出一手创办的公司的。事件起因于公司接受了投资人 3000 余万元投资并签署了带有对赌条款的投资协议，后因为公司没有达到对赌条款约定的业绩目标，投资人遂诉至法院，要求张总承担对赌失败的回购责任，回购价格为 3000 多万元本金及对应利息。

三年前，合伙人和投资人联手"设局"让张总被迫出局，离开自己一手操办的公司。张总对公司早就没有经营权、管理权。在这种情况下，居然还要为公司没有达到约定的业绩买单，并且是 3000 多万元的巨款。

创始人和投资人产生矛盾，双方对簿公堂，创始人出局且背上巨额债务，张总不是第一个，也不是最后一个。

（二）股权私董会专家点评

通过这个案例，我们一起探讨下创始人团队在融资过程中应当如何保障自身的权益？

1. 创始人应该牢牢掌握公司控制权

外部投资人往往基于公司的行业赛道、创新能力、技术能力、已有资源、流量以及出色的创始人团队等，看好公司的未来发展和潜力，期待自己投资的公司未来在资本市场挂牌后能够顺利退出，从而取得投资回报。客观地说，一家公司能够在激烈的市场竞争中存活下来，并成功完成资本市场挂牌的概率是非常低的。投资人用高溢价取得公司的股权，特别是在早些年，估值的泡沫很大，对于机构投资人而言拿着募集到的有限合伙人（LP）的钱对外投资，自然要尽到审慎义务，确保资金的安全。

这种情况下，投资人会对公司的创始人团队有诸多的限制和要求，如常规的投资协议中会约定投资人享有各项权利，如优先购买权、强制随售权、共同出售权、反稀释、优先清算权、对赌条款等。这些权利设置的目的就是最大限度地降低投资人的投资风险。

同时，投资人往往会要求董事会席位或者重大事项的一票否决权。这就涉及公司控制权的问题了。我们建议，创始人在融资的时候，不要一次性让渡过多的股权，而是需要保障自己控制人的地位。在给予投资人董事会席位方面，也要谨慎考虑。否则，几轮融资下来，自己很有可能就被边缘化了，甚至被迫出局。

2. 谨慎对待对赌条款及其他优先权利条款

对赌条款是为了解决交易各方对目标公司未来发展的不确定性、信息不对称等问题而设计的包含股权回购、金钱补偿等对未来目标公司的估值进行调整的举措。一般是创始人/公司承诺公司在一定期限内达成财务、业绩指标或完成资本市场挂牌的目标。如果对赌失败，则由目标公司或者创始股东向投资者承担股权回购或现金补偿责任。

对于投资协议中约定目标公司进行回购的，因为涉及公司减资，在某种程度上影响到其他债权人的利益，在《全国法院民商事审判工作会议纪要》（以下简称《九民纪要》）出台之前法院一般不支持。《九民纪要》出台后，进一步完善了公司回购的合同效力，明确若不存在法定无效的事由，目标公司回购条款有效。在实际履行落地层面，若投资人要求实际履行公司回购的，应当先完成公司减资程序，否则，该诉讼请求法院不予支持。

对于约定创始股东进行回购的，本着充分尊重各方的意思自治原则，法院原则上是支持的。因此，作为创始人，在签订对赌条款时，一定要谨慎对待，判断约定的财务、业绩指标是否脱离实际，完成是否有实质性的困难。如果一开始就觉得压根不可能完成，那么在谈判的时候就要尝试调整降低约定指标，甚至适当放弃一些其他方面的权益，以平衡、调整相应的对赌条款。

我们给出一个建议，可以尝试在对赌的回购金额上设置限制，如以创始人持有的全部股权对应的全部权益为限进行回购，这样就可以很好地隔离创始人的个人资产。当然，投资人是否同意，也要取决于在条款谈判中公司的谈判能力和项目本身的实力。

3. 创始团队内部矛盾防患于未然

企业刚刚起步的时候，创始人团队成员们，各自负责对应的业务领域，沟通顺畅，大家齐心协力带领企业步入正轨。随着引入外部投资人、估值上升，股东们的心态也会出现微妙的变化，以前不在意的事情也会格外计较。例如，小股东可能会想，大股东持有的股权比例最高，可是贡献也并没有那么高，这公平吗？再加上在公司具体运营的事项上，大家会有不同的想法和决策，内部矛盾逐渐凸显。

在这种情况下，如果小股东与外部投资人联手，大股东的地位就可能不稳固了。为了防患于未然，大股东可以提前与小股东达成一致，签订一致行动人协议，即大家在事项表决时，发表意见一致，意见不一致的时候，以大股东的意见为准。或者小股东把表决权不可撤销地委托给大股东。通过这种方式，大股东把小股东的表决权绑定在自己手上，小股东也很难轻易地站在对立面。在这里要郑重提醒：口头约定不靠谱，一定要有书面约定。

4. 谨慎对待"退出协议"

股东之间、股东和投资人之间经营理念发生重大分歧，已经无法继续合作下去，部分股东退出确实是个明智的选择。但是切记，退出之前所有可能产生隐患的事情一定要谈清楚。协议约定清楚，退出即股权转让对应的价款、股权估值评估方式、股权转让款支付方式、担任股东期间公司对外承担的债务、为公司承担的担保及回购义务等，退出公司后不再承担。协议内容要有明确的处置方案。从保护股东的角度出发，若约定不明，拟退出股东可以不签转让协议。这是最有利的谈判筹码。

在上面张总的案例中，关于股权转让后不再承担回购义务的条款就应当在股权转让协议或另行约定的协议中明确约定。根据公司章程规定，需要履行相应表决程序的，出具相应的股东会决议、董事会决议。

通过书面约定把拟退出股东的责任剥离出去，与公司不再有瓜葛，避免上述案例中类似张总的情况再次发生。当然，对于投资人来说，少一个股东承担责任，意味着投资的风险就加大了。这时，需要双方进行博弈，退出股东可以适当在部分条款上进行让步，如股权转让的价格，价款的支付方式等，最终达成各方都能接受的退出协议。

二、企业为顺利融资应当作好哪些准备

（一）案例二：股权结构不合理，优质企业差点丧失融资良机

以我们提供服务的一个融资案例分析融资过程中可能遇到的问题及如何有效解决。

2021年，上海的A企业有股权融资的需求，项目尚处于技术研发阶段，股权架构为大股东占40%，另外两位自然人小股东合计共占30%，天使轮投资人占30%，本轮融资额度在5000万元，投后估值为5亿元。

企业陆续接触了几家投资机构，投资人均对他们的项目表示有兴趣，但是对股权架构不满意，认为当前大股东股权比例过低，表决权比例低，天使轮投资人的表决权比例过高，投资人担心会影响后续公司的正常运作。优质的项目因为股权架构的问题迟迟无法推动融资进度，公司为此找到了我们团队。

我们在对公司进行梳理与和天使轮投资人沟通后给出了股权重序的方案，分以下三步走：第一步，天使轮投资人或其指定主体与实际控制人新设

一个持股平台，由实际控制人担任普通合伙人（GP），占5%的财产份额，由天使轮投资人或其指定主体担任有限合伙人（LP），占95%的财产份额。第二步，由该新设持股平台收购天使轮投资人11%的股权。通过上述调整，实际控制人的表决权比例由40%变成了51%。天使轮投资人的表决权比例由30%变成了19%，虽然表决权比例下降，实际的持股比例也略微下降，但是天使投资人愿意接受，因为他也很清楚如果不进行调整，就很难找到新的投资人进入，没有新融资资金，公司很难继续研发，继而销售转化。第三步，其中一位占10%股权的自然人小股东将表决权委托给实际控制人，这样实际控制人的表决权上升为61%。即便后续融资稀释，也能保持较高的表决权。

在与新投资人沟通了股权重序的计划后，融资很快进入签订投资框架协议、尽职调查阶段，根据尽调过程中发现的问题，我们在协议谈判阶段和投资人进行了协商和沟通，最终顺利签署投资协议并完成交割。

（二）股权私董会专家点评

通过这个案例，我们一起探讨下创始人团队在股权融资过程中需要注意的事项。

1. 实际控制人或创始团队享有对公司的控制权是投资人非常看重的一项因素

投资人投项目有时候就是投创始人团队，尤其是在早期阶段。创始人团队靠谱，项目才有可能成功。投资人在投资项目时会非常看重企业的股权结构。在合理的股权结构下，实际控制人应当对公司享有控制权。如果创始人团队的持股比例均分或者过于分散，一旦创始人团队在企业发展上意见不合，就很容易产生矛盾，出现僵局。所以，对于投资人来说，希望大股东享有控制权，能够决定公司未来的经营、发展。在一般的投资协议中，会约定创始人团队丧失多数股东地位，丧失对公司的控制权的，视为发生清算事件，就会触发投资人优先清算的权利。

关于股权架构及控制权的问题这里不再展开叙述了，可以重点看下本书第二章《股权顶层设计"433框架"》以及第三章《创始股东股权分配》内容。

2. 对投资协议中核心条款的谈判，要有理有据，公司方能争取更大的利益

最常见的投资协议有增资协议、股东协议。在增资协议中约定的是关于增资的相关内容，包括本次增资的估值、投资金额、占股比例、估值是否有调整机制、是一次性交割还是分次交割、全部是股权融资还是股权融资与债权融资相结合、债权融资在什么情况下可以转化为股权融资、交割是否涉及先决条件、交割后是否涉及相关义务、创始人的承诺事项等，这些都是常见的条款和要求，企业需要了解融资实务中投资人对这些条款能接受的尺度，方能更好地对超过尺度的苛刻要求进行谈判沟通。

对于创始人特别看重的条款，即便是投资人的常规要求，也可以尝试沟通。策略是选择在创始人不在意的条款或者能退让的条款上适当地让步，换取在创始人在意的条款上争取对企业更有利的条件。

在股东协议中，往往罗列了诸多投资人的优先权利，包括优先购买权、领售权、共同出售权、反稀释、优先清算权、对赌、公司治理层面的一票否决权等。我们同样需要了解投资人在这些条款方面能让步的空间和尺度。只有这样，才能为企业争取最大的空间。

在上述 A 企业融资项目中，最早投资人给出的股东协议中要求领售权，通俗地说，就是达到一定条件时，投资人有权向第三方出售股权，并强制要求其他股东随着他一同出售股权的一种权利。这个条款背后的逻辑是赋予小股东投资人在公司约定的条件时，方便退出公司。但是如果小股东单独出售股权，则很难找到合适的收购方，很难谈个好价钱。如果赋予其领售权人的

权利，其就有权强制其他股东一起出售股权，收购方变成控制权收购，收购交易更容易促成。虽然很容易理解背后的逻辑，但是毕竟创始人对公司的感情是很深的，为了避免投资人在企业遇到困难或瓶颈期急于套现，可以对该条款进行约束设置。

作为企业方很难主张完全删除该条款，我们为其在触发条件上进行一定的限制，如（1）在约定时间届满后且第三方收购方对公司整体估值不低于约定估值。（2）需经过包括实际控制人在内2/3以上的表决权股东同意。在充分了解谈判尺度的情况下，有理有据地争取，投资人也会愿意沟通和让步。

3. 尽职调查报告中发现的风险点，可以在交割前义务和交割后义务中解决

在投资人对科技企业进行法律尽职调查时发现，企业的实际控制人另外持有一家同业公司的股权，而这家同业公司正是该实际控制人创业前所在的前单位。因为涉及同业竞争的问题，企业未来在资本市场IPO的过程中可能会遇到实质性的障碍。所以该同业问题需要及时处理。

原本投资人要求该问题在交割前处理完毕，但因为股权转让的价格问题双方在短时间内无法达成一致，经过我们的沟通和协商，投资人同意前公司股权在两年内处理掉，即股权对外转让，保证不对未来上市造成实质性障碍。鉴于实际控制人在同业公司仅持有较少股权，并不参与该公司任何的经营、管理工作，存在关联交易、损害公司利益的概率很小，对投资人的风险较小，所以可以暂缓处理。最终在投资协议上，清理同业问题作为实际控制人交割后两年内的义务。双方不仅顺利完成交割，两年的缓冲时间也给实际控制人留足了时间处理历史遗留问题。

(三) 企业股权融资的思考与建议

1. 创始人团队如何选择投资人？

公司发展到一定规模时，创始人团队为了让公司快速发展，往往希望引入外部投资人解决融资问题。如何选择投资人呢，对于不同行业的公司、不同的创始人团队，标准是不一样的，但是大方向上是相通的。

首先，要了解投资人分为财务投资人和战略投资人两种。财务投资人最关注的是财务回报。鉴于财务投资人往往是一家私募机构，基金的存续期一般为八到十年，所以一般会要求项目在投资后四五年内完成上市、被收购等要求，实现经济性回报，而对于公司的控制权、战略发展一般不做过多的掌控。如果财务投资人是知名机构，对企业后续融资还能起到较好的背书作用。

战略投资人一般是企业所在行业上游、下游的大企业，为了实现自己在行业或者生态链的整合优势目的而投资目标企业，投后可能会介入企业的内部管理工作，也会为企业介绍更好的行业资源，看中的是企业的长远规划，而非短期的经济效应。但是可能会产生战略投资人和创始人团队投后的磨合问题。对于希望对企业掌控力度强的创始人，在选择战略投资人上要慎重。

因此，在选择投资人时，不同的项目公司、不同的创始人团队要根据自身的实际需求判断，需要的究竟是什么？现金流、知名机构的背书、产业背景或是行业投资经验、资源，再来判断选择财务投资人还是战略投资人。

其次，对投资人要有基本的了解。投资人的口碑；过往投资项目的进展阶段，与过往项目的创始团队相处是否顺利；投资机构投自己项目时，设定的回报周期；投资人的投资战略方向和价值观与自己公司的方向是否大致接近。

最后，考量投资人开出的条件和期待的回报，投资人给出的公司估值和希望获取的股权比例,这些往往也是创始团队非常关心的。除此之外,创始团队也要考量自己为此需要让渡哪些权利,需要付出哪些代价。

2. 理性对待融资金额及估值,提高风险意识

我们在辅导一些有融资需求的初创企业时,发现创始人对融资金额和估值没有明确的概念,甚至很多创始人认为融到的钱越多越好。其实,所有的交易都是有对价的,当估值确定在某个固定范围时,融资金额越高,意味着创始人稀释的股权比例就越高,也就是投资人投后占公司的股权比例越高。在这种情况下,如果每一次融资出让的比例都高,融个两轮到三轮,创始人很快就会失去对公司的控制权。

所以,我们建议融资的金额以实际的需求为准。如果是研发团队,估算一下能够支撑本阶段的研发成本、运营成本的金额;如果是新零售团队,估算一下能够满足两年内的运营成本、开新店成本的金额,即根据企业的实际情况,能够满足企业在一段时间内的流动资金需求即可。

3. 降低未来触发回购、估值调整、领售权、优先清算权的风险

对于估值也要有合理的判断,如果多家投资人给出的估值均低于创始人的预算,创始人就要反思有可能是预期的估值高了,可以适当地下调。如果有投资人开出超出预期的估值,但是要求在投资协议中设置多重财务、业绩指标,对赌条款、估值调整机制,创始人也要慎重对待,判断设置的财务、业绩指标的合理性,充分考虑企业发展的周期、规律以及行业的风险性,一旦完不成,面临的回购、现金补偿、股权补偿是否可以承受。其中最忌讳创始人为了公司的高估值而做出非理性承诺。

4. "知己知彼,百战不殆",事先了解清楚融资的流程和投资协议核心条款的谈判空间

很多时候,创始人在面对投资人的时候确实处于弱势地位,议价能力不高,但还是要明确哪些是该坚持的原则性问题。投资人不是慈善家,用高溢

价进入公司，一定会期待高额回报。

创始人在拿到融资，签署协议前，请认真再想想协议约定的义务，你是否真的有能力去承担？限制投资人部分权利、完善交易合同条款、对可能遇见的风险提前进行约定。创业的路上需要披荆斩棘，但也请给自己穿好铠甲。创始人需要了解股权融资的基本流程和投资协议中条款的基本谈判空间。

5. 再次强调：创始人需把握对公司的控制权，特别是在早期融资阶段

创始人对公司的控制权，一方面表现在持有的股权比例层面；另一方面表现在实际在股东会的表决权，在董事会层面所占的董事席位。在常规的投资协议中，投资人往往在股东会层面、董事会层面要求一票否决权。这就意味着，在股东会、董事会层面表决的事项，投资人或投资人委派的董事不同意，该决议就无法通过股东会或董事会作出。

对此，企业要明确以下几点：

其一，慎重给出一票否决权，仅对持股比例超过一定比例的投资人赋予一票否决权，持股比例较低的投资人无须赋予其该权利。

其二，可以在投资协议谈判磋商阶段，缩小一票否决权的事项范围，仅对重大、严重影响投资人权益或者投资人特别关注的事项设置一票否决权。其他的常规事项，按照公司法的规定，需要 1/2 以上、2/3 以上股东表决权通过即可。

其三，对于引入多家投资机构的情形，可以设置在投资人总体持股比例超过一定范围的投资人同意即可，即通过某项提议，只要多家投资人中占到一定表决权比例的投资人同意，该提议即可通过。一般情况下，无论投资金额大小，投资人都会要求在董事会中占一个席位。但对于企业而言，并不是所有的投资人都要给董事会席位，持股比例较低的投资人，仅给董事会观察员身份即可，有出席董事会、参与讨论权利，无投票权利。一方面创始团队

应保障自己在董事会层面的投票上取得多数票，另一方面可以在章程中约定实控人享有董事会席位的提名权和任免权，并把公司的主要权力下放到董事会层面，确保对公司的经营事项享有话语权。

其四，如果创始人团队中持股比例比较分散，没有较大的股东，可以从创始人团队中选出一位大股东，通过一致行动人协议或者表决权委托的方式，把分散的表决权归拢到大股东手上。

其五，利用有限合伙企业的规则，通过控制有限合伙企业，从而控制底层公司。

通过上述方式可以在一定程度上保障创始人对公司的控制权。当然，为了确保创始人的控制权，避免上文案例中其他股东与投资人联手把大股东踢出局的情况，也可以设置罢免创始人职务的限制和程序，如需经过全体董事一致同意。一定程度上保障创始人仍处于有决策权的地位，有决策和努力完成业绩指标的空间。

6. 股权融资需要提前布局——建立股权规划意识

股权规划是企业从设立、成长到发展壮大过程中始终绕不开的一个话题。初始创业时，创始团队成员之间如何分配股权，谁占大股，谁占小股；创始团队对企业的经营理念、战略发展产生观念差异时，由谁来拍板决定；这些都是需要慎重考虑的。通常情况下，如果创始股东之间的股权比例较为分散，没有实际控制人，各方也没有通过一致行动人协议、表决权委托等方式赋予某位股东实际控制人身份，这种情况下投资人就会有顾虑，担心公司在经营决策上出现效率低、僵局的情况，不敢贸然投资。

我们建议企业要有一位实际控制人占大股，享有较高的表决权，才能保障企业在运营过程中有人能有绝对的控制权。其他的联合创始人可以根据各自的出资、在公司负责的工作板块、对公司的贡献占相对小股。如果大股东和小股东的股权比例差别并不大，大股东的持股比例在50%以下，各方可以考虑通过一致行动人协议、表决权委托的方式增强大股东的表决权。

关于员工持股计划也可以提前考虑和布局。因为投资机构考虑的是企业的发展，未来的成长空间，能够做大做强，被行业巨头溢价收购或者未来走向资本市场，这些必然都离不开吸引和留住核心人才。

因此，投资人会要求创始团队在未来期限内设立股权比例在10%—20%左右的员工持股平台，从创始团队股权比例中预留好持股平台的股权比例。对于股权激励的模式、具体激励对象、授予价格、行权的条件、退出机制等具体的方案一般不会作过多的要求，但是通常情况下股权激励方案需要企业的董事会通过，而投资人一般会要求一个董事会中席位。对于股权比例过低的投资人只给一个董事会观察员席位即可，可以列席董事会会议，但没有投票权。

本书第四章《核心员工股权激励》详细介绍了如何建立员工公平感、提高股权价值感，如何使实施的股权激励起到"激励效果"。既然员工股权激励本身有助于企业吸引和留住核心人才，自然会纳入创始团队本身考虑事项，再加上又是投资人的硬性要求。所以在这种情况下，建议公司提早在融资之前搭建好持股平台。

持股平台通过两种方式进入公司：一种是老股转让，即创始人转让自己的部分股权给持股平台；另一种是增资方式，即用增资扩股的方式稀释原有的股权比例。不论是哪种方式，都需要考虑操作成本问题。如果早一些搭建持股平台，公司股权溢价并不高，转让价格或增资价格并不高，成本可控。如果待融资之后再搭建，就会形成较高的溢价估值，这种情况下转让价格或增资价格也要适当参考融资的价格，否则可能会被税务机关认为转让价格过低，从而核定征收老股东缴纳的个人所得税。此时的操作成本就会高于提早规划时的成本。

7. 学会做一份吸引投资人的商业计划书

企业寻找机构投资人，希望获得股权融资，帮助企业实现做大做强。在最开始的接洽阶段，都需要一份向投资人展示自己项目核心内容的书面文件，快速吸引投资人的注意力和兴趣，这份书面的文件就是商业计划书。一份常规的商业计划书通常包括以下几点：（1）项目介绍，如项目的市场前景、目前竞品公司的状况，公司项目核心定位和优势，能解决哪些市场痛点、目前的核心技术现状及知识产权情况；（2）公司介绍，如公司目前的股权架构情况、创业核心团队的履历和各自分工、公司的优势和亮点；商业模式及财务预测，如项目的商业模式及可行性、财务现状及预测情况，现在的收入情况、净利润情况、盈利的周期、未来几年的收入和净利润预测；（3）本次融资计划：本轮的估值情况、预计的融资额度、出让的股权比例等。

通过各部分的展示，向投资人说明白：我是谁，我做什么的？我有什么核心优势？为什么要投资我？

商业计划书是敲开投资人心房的重要敲门砖，要做到内容严谨、逻辑清晰、重点突出，形式美观大方，需要创始团队反复打磨计划书。

8. 法律和财务合规自查，减少实质性的融资障碍

投资人在内部投决会作出投资一个具体项目决定时，往往依赖于投资人聘请专业的第三方机构作出的法律、财务的尽职调查报告以及业务尽职调查报告。如果在尽职调查的过程中发现企业有严重的合规问题且无法弥补或者整改，则会严重影响企业后续的继续融资、被并购、资本市场运作，投资人可能会作出理性的不予投资的决定。即便可以弥补或整改，但是给出的估值也会低于预期或者增加很多交割的前提条件，即只有以完成这些整改要求作为前提，投资人才会给企业打投资款。

为了顺利拿到投资或者拿到满意的估值和投资条件，有些企业也会事先

进行合规自查，自行聘请第三方机构进行自查，根据自查的结果提前进行调整。尽职调查一般是针对企业历史沿革、公司治理和组织架构、关联方和关联交易、重大资产、重大债权债务、劳动社保、业务和重大合同、知识产权、诉讼等方面进行尽调，针对不同行业、不同阶段的企业，尽调的侧重点也会有所不同。

以医疗器械企业为例，对处于研发、试验阶段的医疗器械企业开展法律尽职调查时，应着重对临床试验机构的备案情况、伦理审查批件、临床试验协议、临床试验备案表等文件进行核查。当然，也应同时关注企业的医疗器械产品是否已进行批量生产，是否存在对外销售的行为；处于生产、经营阶段时，法律尽职调查往往侧重于对企业资质及其医疗器械产品资质的合规性核查，以及对医疗器械产品可持续生产的合规性进行核查。

在核查的过程中，发现缺少的内容，对于可以调整的，企业应尽快调整，对于短时间内无法调整或者很难彻底解决的问题，如果是投资人在意的问题，在和投资人沟通的过程中也可以提前披露并给出解决或代替方案，赢得投资人的好感，投资人就不会在该内容上过于苛刻了。

以我们尽调的一个科技企业为例，该科技产业技术壁垒极高，企业知识产权保护对该科技企业的运营与发展极为重要，是企业的"护城河"。在核查目标企业知识产权相关问题时，专业团队会对哪些合规问题重点审核？

专业团队的审核重点会围绕企业的知识产权的权属是否明确、可长期使用展开。比如，目标企业和他人共同开发的知识产权，若开发成果共有，则需明确约定各自享有的权利。关注目标企业是否有合理的知识产权保护制度及保密制度，如对拥有的技术及时申请相应的知识产权保护、及时续费、对一些非专利技术，在公司内部有权限分级、外网隔离等保护措施。知识产权是否存在质押等权利负担，是否存在既有或潜在的知识产权的法律风险，同样是需要关注的重点内容。如果知识产权成果涉及境外公司的知识产权技术和秘密，其研发过程中是否使用境外公司技术数据和图纸，正确处理技术进出口问题同样需要重点关注。

在了解了尽调的审核重点后，就可以根据自己企业的实际情况向合规化进行靠拢，如制定合理的知识产权保护制度和保密制度，对于核心技术人员、高级管理人员除了劳动合同，还应签署保密协议、竞业限制协议，自查对职务发明的归属问题是否在法律规定的框架基础上作了更细化的约定，降低纠纷发生的概率；在新核心技术人员入职前审慎核查其在前单位是否受到竞业限制的约束，带来的技术是否会侵犯前单位的商业秘密；安排专职人员或者将具体的工作分配到具体的人员，及时跟进知识产权的申请、续费等事项。

针对财务的自查也是同样的道理，有些初创型企业财务非常不规范，存在用创始人或者财务个人卡接收公司的营业收入、支付公司的经营性支出的情况，这样一方面存在擅自转移公司财产、损害公司利益的情形；另一方面存在税务的风险。同一实际控制人用自己控制下的两家企业，进行资金拆借和周转，甚至把收益都放在一家企业，亏损放在另一家企业，这种情况同样是不合规的。上述情况都可以提前进行梳理，减少投资人投资的障碍。

9. 专业的事情交给专业的人士，寻求财务顾问和股权融资律师的帮助

专业的事情交给专业的人士去做。创始人的时间和精力可以更多地花在项目上，如何解决技术、如何小规模验证、如何做渠道和运营、如何把数据做起来、如何把销售量做上去，如何创造更大的收益，如何让项目的估值更高。

企业在初创阶段，创始人必然有很多事情要事必躬亲，既然要融资，对融资的基本常识当然要学习、了解。至于具体如何规划融资方案、如何找到合适的投资机构、如何和投资机构沟通、如何谈核心条款，都建议交给专业的机构和股权融资律师去做。

一家专业的财务顾问机构，提供的常规服务包括协助公司准备各种市场推介文件，融资商业计划书、财务模型、融资估值方案等；提供融资交易服务，寻找投资人、本次融资工作的协调与配合，协助双方就融资意向、结构设计、尽职调查等方面进行磋商谈判，以期促成投资协议的最终签署。在这个过程中，他们不仅需提供融资相关的方案和设计，推荐专注行业的投资机构，还要懂得投资机构的想法，能实时调整融资策略和估值，从而更有效率地帮助创始团队成功拿到融资款。

同样，股权融资律师能够为企业提供股权融资过程中的全流程法律服务，包括与公司共同讨论设计融资方案、提供专业法律咨询，就专题问题进行法律研究并提出解决方案，设计、论证交易架构、交易方案及保障机制；起草、审阅和修改每轮投资相关的框架协议、投资协议等全套交易文件及公司股东大会、董事会和监事会文件，参与交易谈判；向公司提供所需要的相关法律、法规、政策性规定，及时提出法律意见，供决策参考；根据公司实际需求，协助办理相关的工商设立、变更登记手续，配合完成交割；提示在投资过程可能不时出现的其他法律问题，并提供解决方案；参与对内、对外的商务谈判等。

每个融资项目都有自己的独特性，基于项目的阶段和实际情况不同，尽调报告得出的风险点不同，投资机构的内部风控要求不同，可以为企业争取到的谈判空间也不同，最终落在投资协议上的条款也有所不同。结合实际情况，为企业争取更好的谈判条件和协助推动项目顺利完成交割，是股权融资律师的重要任务。

第七章　内部创业股权设计

企业发展到成熟阶段，各种大公司通病开始逐渐凸显，如管理成本提升、创新乏力、人员丧失活力、发展停滞等。越来越多的成熟公司开始探索内部创业机制，以激活现有资金、资源、人才，促进企业的组织变革与业务转型升级，实现员工与企业"共创、共担、共享"的组织氛围。良好的内部创业机制一旦运转起来，就相当于企业拥有了能够内生增长的体制系统。

如何让内部创业稳定地成为企业内生增长的动力？股权在这个过程中能起到什么作用？这些是笔者会在本章将与大家探讨的。

一、内部孵化机制成就企业

（一）案例一："共创、共担、共享"的孵化模式

1. 案例企业

完美世界（北京）网络技术有限公司（以下简称完美世界）是一家影游综合体，主要业务涵盖完美世界游戏和完美世界影视。2004年，公司成立；2007年，公司游戏板块登陆美国纳斯达克；2014年年底，影视公司完美环球（002624）借壳金磊股份登陆A股，完美系企业获得国内A股市场的资本运作平台；2016年7月，完美环球更名为完美世界。

2. 股权激励

完美世界通过借壳、退市，影视与游戏业务合并，最终实现公司的整体上市。创始人池某直接持有完美世界13.41%股份，通过完美世界数字持有

35.06%，以及通过快乐永久持有 9.3%，池某实际控制公司 57.77%股份。①整体股权架构如图 7-1 所示：

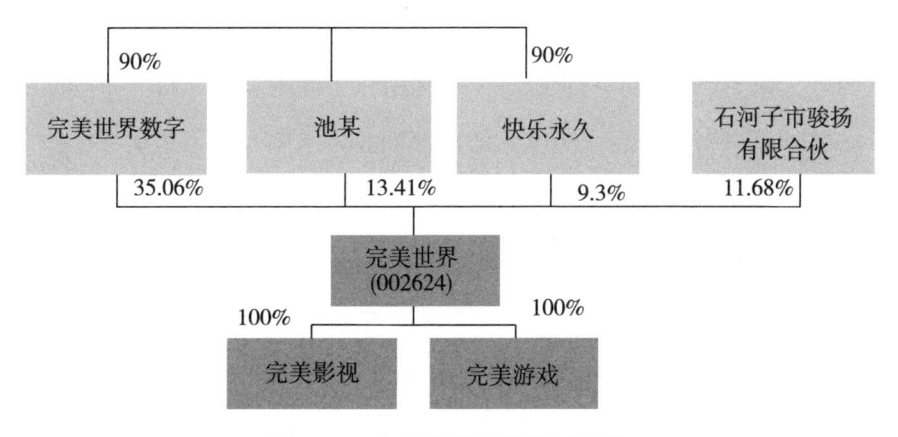

图 7-1　完美世界整体股权架构

完美世界的一级员工持股平台（石河子市骏扬有限合伙）持有完美世界 11.68%股份②，普通合伙人为完美世界的高管鲁某。完美世界还成立了 3 个二级员工持股平台。员工持股平台具体股权架构如图 7-2 所示：

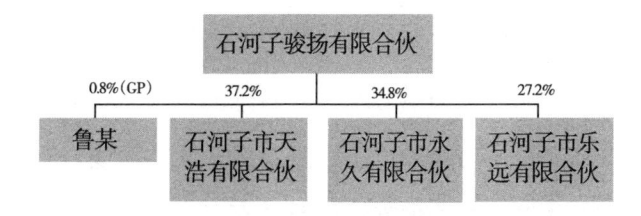

图 7-2　员工持股平台具体股权架构

3. 完美世界项目孵化机制

2016 年，完美世界 CEO 萧某发过一封邮件，提到公司决定建立长远发展的研发孵化体制，向优秀的人才和团队提供更多资源和支持。

---

① 《完美世界股份有限公司关于股东部分股份质押的公告》（2016 年 11 月 5 日），载上海证券网，https://php.cnstock.com/texts/2016/20161104/1E91DB0F12B2B9F5A9FE96823-640FC51.pdf，最后访问时间：2024 年 2 月 2 日。

② 同上。

这封邮件提到，公司研发体系分为四个阶段：第一个阶段平台阶段（员工阶段）、第二个阶段工作室阶段、第三个阶段独立公司阶段、第四个阶段资本运作阶段。

同时，完美世界在不同阶段给予孵化项目不同的资源支持和激励制度。

由此可以总结出，在完美世界的内部创业体系中有以下明显特征：

(1) 设定不同的进阶目标

从完美世界传达的信息来看，公司主动求变、求突破的思路明确，未来将强化研发投，开拓多元化布局。完美世界的内部创业通过四个不断进阶的组织结构设计，为每个阶段设置了清晰明确的进阶指标，每个阶段达到条件即可进阶，如图7-3所示。

员工阶段 → 工作室阶段 → 公司阶段 → 资本运作阶段

图7-3 不同的阶段

如果员工想要加入孵化机制，公司就会评估该员工的经验和能力，评估其各个阶段的发展情况，帮助员工从一名基础的开发人员到组建团队、成立工作室，然后再成立公司，步步进阶，直至进入资本市场。

以工作室阶段为例，完美世界为同时具有以下三种特质的员工创建独立工作室：一是有研发成功产品的经验；二是有创新和项目管理能力；三是已经有团队或者有组建团队的实力。工作室带头人可享有高薪，团队可享受税后利润的30%作为分红[①]，另外团队在管理上具有一定的自主权，如可按照工作室需求独立招聘等。彼时，祖龙、乐道、惊蛰、逍遥游、热点五个工作室相继独立，由完美世界（北京）数字科技有限公司（2017年更名为完美

---

① 参见和君股权激励研究中心：《完美世界（002624）：上市公司内部项目的整体孵化机制设计》，载和君咨询公号，最后访问时间：2024年4月15日。

世界控股集团有限公司）统一持股。

（2）提供匹配的资源支持

在创业项目的不同阶段，完美世界提供了不同的资源支持。

除了在员工阶段，平台给予完全的支持以外，到了工作室阶段，随着团队成员经验及能力的不断提升，平台内部给予的资源会逐步减少，主要以技术支持为主；到了公司阶段，子公司与母公司之间可以共享IP、母公司协助用户导入，但其他支持按照外部公司常规商业方式合作；进入资本运作阶段，核心团队的独立运营能力越来越高，需要母公司的支持也越来越小，该阶段母公司可以逐渐由控股转为参股，如图7-4所示。

员工阶段 —— 工作室阶段（技术支持：自主引擎（收费）、美术（收费）、IP（免费））—— 公司阶段（用户支持：自主引擎（收费）、美术（收费）、IP（免费）、用户导入）—— 资本运作阶段（母公司出让股权，甚至可以让出控制权）

完整支持
◆ 开发成本
◆ 免费运营

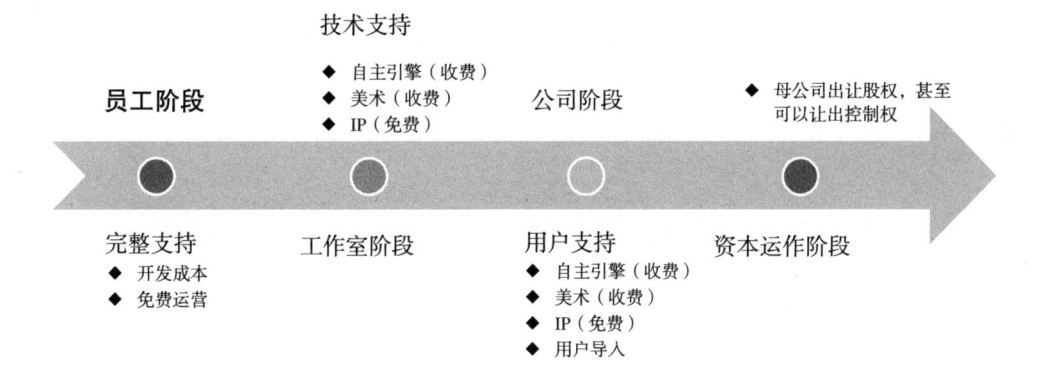

图7-4 不同阶段的不同资源支持

表 7-1　完美世界项目孵化制

阶段	进阶标准	资源支持
员工阶段	培养经验 • 立志做好产品 • 没有足够的经验 • 没有开发经验，也没有团队	完整支持 • 开发成本 • 免费运营
工作室阶段	组建团队 • 有研发成功产品的经验 • 有创新和项目管理的能力 • 已形成团队或有组建团队的实力	技术支持 • 自主引擎（收费） • 美术（收费） • IP（免费）
公司阶段	产品开发 • 连续研发产品成功的工作室允许分拆为子公司 • 三款产品月收入超过3000万元 • 两款产品月收入超过5000万元	用户支持 • 自主引擎（收费） • 美术（收费） • IP（免费） • 用户导入
资本运作阶段	盈利能力 • 成功开发了四款以上产品 • 子公司年利润大于两亿元	母公司出让股权，甚至可以让出控制权

（3）配备匹配的激励制度

在不同的创业阶段，完美世界配备体系化的激励制度。完美世界的内部激励也是配合表 7-1 所示四个阶段进行的。

①员工阶段。在创业早期，产品等各方面都不成熟，因此也没有特别的激励，只是正常发工资。

②工作室阶段。如果产品有营收、利润的话，总部会成立一个独立的工作室，给团队 30%[①]的项目分红，但也只是内部分红的形式。

③独立公司阶段。如果这个项目和团队越来越成熟，总部会把这个项目

---

① 参见和君股权激励研究中心：《完美世界（002624）：上市公司内部项目的整体孵化机制设计》，载和君咨询公号，最后访问时间：2024 年 4 月 15 日。

变成独立的项目公司。在这家公司里面，经营团队最多可以占到49%的股份。①

④资本运作阶段。到了第四个阶段，项目越来越成熟，团队也越来越成熟。在项目具备独立资本市场价值的情况下，集团公司会变成财务投资方，甚至支持经营团队当大股东去控股。

（二）股权私董会专家点评

关于上述公司的内部孵化模式，我们应参考以下几个方面的经验：

1. 平台公司起到很好的人才及资源整合作用

（1）平台公司能够更好地吸引与激励优秀人才

平台公司给孵化项目提供的资源支持与激励机制，给优秀人才提供了内部创业的平台，有利于吸引与激励优秀人才。

（2）资源共享与产业协同

平台公司通常孵化主营业务上下游的项目，平台公司可以给孵化项目输出客户、供应链、技术与其他资源，实现资源共享。平台公司与孵化项目之间也可以实现产业协同。创业团队可以从平台公司获得技术、资金、客户与供应链等资源支持，这些有利于降低创业门槛，提高成功概率。

2. 平台公司可以低成本持股

由于平台公司在孵化项目早期进入，也基于上述所提供的平台公司价值，且平台公司与项目团队存在底层信任基础，因此平台公司可以低成本获取孵化项目的股权。

3. 该种架构成功地将内部创业风险与平台公司风险进行隔离

如前所述，根据孵化项目与创业团队的成熟程度，平台公司在每个阶段

---

① 参见和君股权激励研究中心：《完美世界（002624）：上市公司内部项目的整体孵化机制设计》，载和君咨询公号，最后访问时间：2024年4月15日。

会提供不同的支持并配套激励制度。当团队与产品趋于成熟，创业团队则独立于平台公司，在二级公司层面持股。这些都有利于隔离与控制平台公司风险。

4. 动态的股权结构及激励制度让子公司更好地自生长

该种孵化模式根据内部创业公司发展的不同阶段，配备了相适应的激励制度和股权政策，从对创业公司占据控制地位到资本运作阶段放弃控制权，更有效地激发了创业团队活力，另外也让创业公司更好地吸引融资，从而更好地自生长。

二、如何设计内部创业的激励机制

（一）案例二：内部创业，参股还是控股？

某公司集团主营充电桩产品，集团内部有创业团队想将其中的核心元器件作为单独的业务单元进行运作。公司集团打算以内部创业形式展开。

新的业务单元由公司集团和创业团队共同合资成立，其中公司集团出资200万元，创业团队3人共出资100万元，这样集团即为该创业项目持股2/3的大股东，创业团队共持股1/3。

第一年，公司集团在技术和供应链方面提供大力支持，产品通过技术难关。第二年，团队逐渐培养了自己的人才梯队，包括技术人才、销售人才，产品除供集团内部使用外，70%的产品主要依靠团队自己搭建的销售网络实现销售，并在当年实现盈亏平衡。

从第三年开始，团队已经可以通过自有人才、资金实现正常运转。经过测算，可以在当年实现盈利200万元。按照集团公司与团队的股权比例计算，只有30%利润归属于创业团队，这使得创业团队的积极性受挫。同时，创业团队也希望通过外部资本市场融资进行快速扩张，但集团公司只接受资本以增资的方式进入，所有股权同比例稀释。创业团队几次尝试与集团公司协商，或由集团公司以合理的价格先出让部分股权给创业团队，或外部资本进入后优先稀释集团公司的股权，以保证融资后创业团队仍有足够的动力继续创业项目。但几次谈判后无果，几名创业团队掌握核心技术和渠道的创始人开始有了单干的念头。这时，集团公司意识到眼前的状况并非最优方案，于是找到了我们。

公司首先请创业团队定下未来 3 年的目标：第 1 年实现利润 200 万元，第 2 年实现利润 500 万元，第 3 年实现利润 1000 万元。每一个阶段目标实现后集团均拿出 20% 股权奖励创业团队。

每次调整的 20% 股权分为两个步骤。第一步，所有股东的股权统一被稀释 20%，包括集团公司和创业团队。第二步，增发的 20% 股权由经营团队内部进行股权分配，集团公司不参与分配。经过预测，如果每年的经营业绩都能够达到，原始的股权分配方案是集团占 2/3，经营团队占 1/3，动态调整三次之后，刚好是经营团队占比升至 2/3，集团公司占比降至 1/3。

通过这种动态的调整，集团公司最终放弃了对子公司的控制，激发了经营团队的自主活力，也给公司的外部融资腾挪出更多的空间。最终，两方对这个方案都很满意。

（二）股权私董会专家点评

在内部创业的环境下，集团公司对控制权的把控需要根据行业和公司的具体情况进行适当的调整，并非在子公司发展的每个阶段都要保证集团公司的控制权。

在上面的案例中，公司早期的时候，投资的成本和风险都是由集团公司承担，所以集团公司当大股东是公平合理的。但公司发展到后期，集团公司的贡献逐步降低，如果仅单纯追求管理方面的集权、财务方面的并表，不同意对股权比例进行重新分配，那么原先的股权结构已然成为子公司向前发展的障碍。其中最关键的问题是权、责、利的错配。因为子公司发展到后期，团队承担了绝大部分的经营管理责任，但是根据股权比例的分配，经营团队不掌握控制权，决策效率会低下，集团公司对子公司的干预反而不利于子公司的经营。在利益分配上，很显然子公司的动力也会逐渐减弱。

因此，到子公司已经成熟并完全独立运作的阶段，经营团队贡献的增量价值会不断增加，分得的股权也应该越来越多，甚至控股也是公平合理的。

我们给子公司设计的股权结构思路结合了公司经营目标的实现，根据公司不同的目标实现的进度，给经营团队以相应的股权奖励。这种做法不仅兼顾了目标的实现，也兼顾了公平合理。经过这个过程，集团公司和运营团队都有所得。集团公司的股权比例虽然下降，但因为利润增加，集团公司在收益上未必会减少；而经营团队为了获得更多的股权，势必会铆足了劲完成各个阶段的目标。当目标全部完成，可以说子公司也进入了非常稳定运行的阶段，集团公司此时退出大股东的地位也符合双方的利益。

（三）内部创业思考与建议

1. 无论是参股还是控股，适合企业的才是最合适的

上面的两个案例中，母公司（上文"集团公司"，下同）都是采取从一开始控股到后期参股的模式。而关于内部创业，不同企业采用的策略并不相同。

母公司在内部创业公司中占股的方式有三种：第一种是绝对控股，即占股在50%以上；第二种是相对控股，即占股虽小于50%但大于34%，在所有股东中股份最高，当大股东；第三种是不控股，不当大股东。当然，还有从控股到参股的动态调整的公司。不同的占股方式，代表了不同企业对内部创业的治理策略和行事风格。

早期的创业项目中先由集团公司处于主导地位，一般没有太大的问题。因为在这个阶段，集团公司会导入大量的资源，包括人、财、物的投入。例如，在芬尼克兹公司的裂变式创业中，宗某提出要保证创始人持有50%的股权，因为控制权意味着他是企业的"主人"，出现危难时，有人出来负责。另外，结构上也要看得出大股东，有利于企业日后并购、重组或上市融资。

对于是否控股，可以从以下两个方面考虑：一是与公司原来主业方向的关联性；二是现在规模很小，但未来潜力很大，可能成为公司主导产业的方向，也就是创业项目与企业自身主业和发展战略关联的紧密程度。

2. 除股权激励外，还有很多的激励方式

按照激励设定和兑现的时间，可以把内部创业激励分为两大类：前激励和后激励。比如，给予宽松的试错环境，或在创业初期给予创业团队股份就是典型的前激励方式；而当创业项目取得阶段性成功后再给予人、财、物方面的支持，就是典型的后激励。

前激励与后激励各有各的招数。前激励至少有三招：①营造宽松的创业氛围；②初始期给予资金和资源扶持；③一次性给予创业团队股份。而后激励也至少有三招：①取得阶段成功后给予重奖和资源；②有条件地兑现股份或分享完成超额目标所对应的利润；③公司回购股权。现实中，母公司往往采用"前激励+后激励"的组合方式，试图让母公司和内部创业团队在投入和激励方面达到最佳状态。

例如，在互联网企业，母公司要孵化子公司，创业团队实际出资子公司注册资本的10%，母公司实际出资子公司注册资本的90%。但母公司只占新公司49%的股权，创业团队可以占到51%。这就相当于，母公司赠送了41%的股权给创业团队，从而让创业团队有了控制权。当创业团队达到设定的考核指标时，就可以真正享有这41%的分红权，这无疑激发了创业团队的期待和斗志。

例如，在芬尼克兹公司的裂变式创业模式中，新公司的总经理需要出资购买10%的股权。为了保证10%股权对总经理有足够的激励，公司每年盈利的情况下是强制分红的，税后利润分成20%、30%、50%三个部分。20%作为管理团队的优先分红，这是管理团队的收益，20%的优先分红里总经理可以分得10%的分红，剩下10%分红由管理团队其他成员分享。30%的税后利润留下来作为企业的滚动发展资金，投入再生产。50%的税后利润按照股权结构进行分红，让每个投资的员工都能即时感受到投资收益，起到及时激励的效果，大部分人会期待年终分红。总经理至少有10%的股份，因此可以分到至少5%的税后利润。加上之前优先分红中的10%，因此，总经理可以享受15%的利润分红，即凭借10%的股权享有15%的收益权，成为这家公司收益最多的人，这本身也体现了高风险、高收益，多劳多得的原则。

3. 内部创业应体现权、责、利对等原则

在内部创业项目中，集团公司与内部创业公司之间的权、责、利对等是核心关键。如前面案例二所述，调整后的股权架构正是符合了权、责、利对等的原则才有效解决了子公司有序发展的问题。

为了实现权、责、利对等原则，集团公司应学会动态调整对创业公司的控制。随着创业项目的不断推进，创业公司的自我造血能力越来越强，逐渐弱化了集团公司的作用。集团公司需要在股权方面按照一定的动态方案进行调整，如在完美世界的案例中，在孵化公司的资本运作阶段，集团公司是可以让出控制权的。或者在部分情况下，如果集团公司一定要处于控股地位，则可以考虑控制权和经营权的分离，可以逐年在分红权上提高创业团队的比例。

4. 创业团队也要承担创业风险

早期阶段尽量鼓励创业团队出资参股，愿意出资是最直接的愿意承担风险的表现。有些情况下，母公司与创业团队会签订对赌协议，只有达到一定目标值才能兑现股权。还有些情况，母公司与创业团队也会签订回购条款，当经营目标不达预期，母公司可以非常低的价格回购部分创业团队的股权。

5. 集团内部创业应注意规避的风险

要避免孵化项目与平台公司出现同业竞争，发生内耗；要避免孵化项目与平台公司出现不公允的关联交易，造成利益输送，做好企业的内部风险把控。需要提前做好股权规划，如果后续发现问题再进行股权调整，尤其是重大利益调整，这会给孵化项目未来独立发展与融资增加很大的变数。

第八章 股权并购

一、资本市场中恶意并购与反并购的经典博弈

一家企业熬过生存期、进入成长期、步入成熟期，最终迈向资本市场成为上市公司。创始股东和管理层开始享受动辄十几倍甚至上百倍的资本回报和股权溢价，在他们沉醉于这场盛宴时，却不知暗中也有人垂涎这块肥肉，希望也能享受这场资本的狂欢。例如，通过低价买入股票，炒作股票后高价卖出，甚至取得上市公司的控制权后，用上市公司进行关联交易，或者再融资，或者整合自身产业，赚取更大的收益。

这种非善意收购，在上市公司不知情的情况下在二级市场悄悄持有公司股票，等到上市公司意识到后明确提出反对，收购者仍执意收购的行为，我们称之为恶意收购。

针对股权并购中的恶意收购与反收购，我们通过一个资本市场的案例，看看收购方与被收购方是如何展开博弈的。

（一）案例一：新浪公司如何抵挡盛大网络公司的收购

早年一款经典游戏为其代理商盛大网络公司（以下简称盛大）带来了可观的利润。盛大随后又推出多款热门游戏，逐渐发展为当时中国较大的网络游戏运营商。

2004年5月，盛大在纳斯达克成功上市，开盘当天受到国际投资者的追捧，股价上涨8.8%，创造了中概股在国际资本市场上的美好开局。踌躇

满志的盛大定位自己是互联网互动娱乐巨头，为了整合资源，把目光聚焦到同样在纳斯达克上市的新浪身上。

新浪早在2000年通过开创"新浪模式"的VIE（Variable Interest Entities，可变利益实体，也称协议控制）架构成为中国互联网公司赴美上市的第一股。这解决了中国互联网公司境内上市难以满足财务指标，境外上市又受行业管制的困境。新浪作为门户网站的顶流和国内互联网的巨头，其对于盛大的战略意义重大。

2005年，新浪发布2004年第四季度及全年财报，报告次日，新浪股价出现下跌，盛大找准时机果断出手，开始大幅度在二级市场上收购新浪股票。[1]

根据当时规范上市收购的相关规定，持有上市公司股份5%以上的所有人必须在10天内向美国证监会、公司及交易所进行公告。在这10天内，持有人无须停止购买。2月7日，盛大及关联公司地平线媒体持有新浪股票4.7%，尚未达到5%。

盛大利用接下来的10日大规模增持股票并在信息披露的最后一天2月19日完成披露义务，即盛大与其关联公司通过二级市场交易持有新浪公司股份合计占到新浪发行股份的19.5%[2]。持股19.5%而不到20%，巧妙地避开了国际财务规则，20%需要合并新浪的损益。

2月19日晚，新浪网发布回复声明：盛大购买新浪股票只是单纯的股票交易行为，对新浪公司本身业务及运营均无任何直接影响，新浪公司股东也无须对此采取任何行动。随后，新浪CEO表示盛大对新浪没有任何法律

---

[1] 参见《面对盛大收购攻势 新浪高管：做好各种可能性准备》，载中国新闻网，https://www.chinanews.com.cn/news/2005/2005-02-25/26/543674.shtml，最后访问时间：2024年6月2日。

[2] 参见《盛大收购19.5%股份 新浪称无影响》，载新浪网，https://tech.sina.com.cn/other/2005-02-21/1628531066.shtml，最后访问时间：2024年2月2日。

或实际意义上的控股权或控制权。

2月22日，新浪董事会宣布采纳财务顾问摩根斯坦利的建议进行"毒丸计划"[1]，即采纳购股计划。该计划内容为股权确认日（2005年3月7日）记录在册的每一位股东，其持有的每股普通股均可获得一份购股权，每份购股权票面价格为0.133美元，每份购股权的行使价格是150美元[2]。一旦出现新浪10%或以上的普通股被收购，当盛大收购新浪的股份比例达到20%，则毒丸计划启动，即老股东凭借购股权用半价价格购买新浪增发的股票。简单地归纳，一旦盛大收购新浪股票超过20%，则老股东可以实施毒丸计划，只用盛大50%的购买价格即可购买与其同样数量的股票。通过这种方式极大地提高了盛大收购的成本。

这份购股计划也设计了赎回、终止的相关机制，即新浪最终可以用0.001美元或经调整的价格赎回购股权，也可以在某个人或团体获得新浪10%或以上的普通股以前终止购股权计划[3]。若该购股协议没有提交终止、延期或被赎回、交换，购股权将于2015年2月22日到期。

毒丸计划实施后，如果盛大继续增持新浪股份，需花费巨大的经济代价，如果不继续增持，老股东增持后，盛大的股权比例将被稀释降低。

最后，以盛大在二级市场上出售新浪股份告终[4]。虽然，这场争夺战后新浪股价大涨，盛大最终抛售股票也获利颇丰，但盛大的收购战略未能成功

---

[1] 并购律师马丁·利普顿1982年发明，正式名称为"股权摊薄反收购措施"。即当一个公司遭遇恶意收购，尤其是当收购方占有股份已达10%到20%时，公司为了保住自己的控股权，就会大量低价增发新股，其他所有股东都有机会以低价买进新股，稀释收购方的股权，继而使收购变得代价高昂，从而达到抵制收购的目的。

[2] 《新浪8-K表格主要内容》，载新浪网，https://tech.sina.com.cn/i/2005-02-26/0010536308.shtml，最后访问时间：2024年2月2日。

[3] 《新浪公司采纳股东购股权计划》，载新浪网，https://tech.sina.com.cn/roll/2005-02-22/2218532382.shtml，最后访问时间：2024年2月2日。

[4] 《盛大在二级市场上出售新浪股份》，载央视网，https://news.cctv.com/science/20070213/101961.shtml，最后访问时间：2024年6月2日。

实现。

(二) 股权私董会专家点评

通过上述案例，一起了解下境外上市公司收购的基本常识。

1. 企业通过收购方式整合资源提升业务短板、合并报表提高股价

我们经常可以看到上市公司关于收购某公司的公告，消息被股民视为利好消息，股票立即迎来一波上涨行情。诚然，上市公司进行收购，特别是收购新兴行业的公司，是为了快速进入该行业领域，用小成本收购方式占领赛道，全面布局自己的战略规划和资源整合。但是，也有少数上市公司，自己的主营业务没有很好的收益，专门靠收购第三方企业，作为利好消息，同时可以合并报表，通过这种方式增加营业收入，实现股价的增高。

2. 毒丸计划为何能有效抑制国际资本市场上的恶意收购？

我们在案例中提到了毒丸计划，简单地归纳一下，上市公司针对资本市场中常见的恶意收购，通常提早进行防备，制订毒丸计划，即股东购股权计划，一旦恶意收购者收购公司的股票达到一定比例，则触发计划，公司的全部现有股东持有的股票均享有按照低价格购买新增普通股票的权利。这种方式提高了恶意收购者继续收购的经济门槛，通过现有股东的新增股票去稀释恶意收购者持有的股票，从而降低恶意收购者取得公司控制权、抢占公司更多董事会席位的可能性。

在美国，毒丸计划经董事会通过即可实施，在我国现在一般很难做到，根据我国《上市公司收购管理办法》第三十三条（2006年7月修订后增加）规定，收购人作出提示性公告后至要约收购完成前，被收购公司除继续从事正常的经营活动或者执行股东大会已经作出的决议外，未经股东大会批准，被收购公司董事会不得通过处置公司资产、对外投资、调整公司主要业务、担保、贷款等方式，对公司的资产、负债、权益或者经营成果造成重大影

响。因此，很难通过有效的股东大会确认行使毒丸计划。

除了上述的股权毒丸计划，还有负债毒丸（目标公司发行债券并约定在公司股权发生大规模转移时，债券持有人可要求立刻兑付，从而使收购公司在收购后立即面临巨额现金支出，降低其收购兴趣）、人员毒丸（目标公司全部或绝大部分高级管理人员共同签署协议，在目标公司可能被收购、并且高管人在收购后将被降职或革职时，全部管理人员将集体辞职。这一策略不仅保护了目标公司股东的利益，而且会使收购方慎重考虑收购后更换管理层对公司带来的巨大影响）等。

3. 巧妙利用董事会任职规则保护公司的控制权

公司的控制权至关重要，我们已经多次强调其重要性。尤其对于上市公司而言，公司控制权的重要性更加不言而喻。为了防止恶意收购者偷偷在二级市场上买入股票，成为上市公司大股东并进入董事会，上市公司可以巧妙设置董事会的任期制度，如可以设置董事任期交错，也就是将董事分为几组，每组的任期起止时间错开，每年定期召开的股东大会只改选部分董事。这样，即便恶意收购者持有大量股份，也很难一次性安排数人进入董事会，提高恶意收购者进入董事会的门槛。

二、股权并购项目中的尽职调查

（一）案例二：收购的尽职调查很重要，为收购方省下了500万元

下面以我们提供服务的一个并购案例分析项目中遇到的问题及最终的解决方案。

2018年，某化工厂董事长年事已高，管理公司越来越力不从心了，子

女也不愿意子承父业，于是董事长就想把公司股权进行处置，换成现金安度晚年。公司的主要资产为厂房和机器设备，员工基本已遣散完毕。公司在银行还有几笔未到期的债务，合计100万元。对外零星有些债权，合计20多万元。

收购方是一家同行业的公司，对化工厂的厂房和设备以及涉及的资质很满意，希望收购之后，可以扩大生产线，同时承接化工厂保留的一些老客户订单，增加销售量。

化工厂董事长的预期收购价格为3000万元。双方达成初步合意。收购方公司聘请我们进行整体收购的全流程服务。

在了解交易的基本信息和情况后，各方签订简单的并购意向书后。我们开始尽职调查。结果发现实际情况与化工厂董事长的描述存在一些较大出入：

1. 工厂最值钱的一条流水线设备的所有权尚不属于化工厂，当初是通过融资租赁的方式购买的，目前仍在租赁期内，在租赁期未满，租金尚未支付完毕的情况下，设备的权属尚有不确定性。

2. 厂房是有产权证书的，但是厂房后面还有块很小的空闲土地，根据查阅相关资料，这块土地的使用权当初是通过招拍挂的方式取得的，在土地出让协议中，明确约定了土地的闲置期限不得超过2年，否则政府有权收回。而目前土地闲置已超过2年，有被收回的风险。

3. 公司债务方面除了已经披露的银行100万元的债务，还有几家第三方公司的资金拆借，合计债务200万元。

4. 公司非常关键的与环保相关的资质快到期了。当地对环保的政策收紧，环保资质有不确定性。

以上信息了解后，我们就公司的整体估值进行了沟通，最终按照整体估值2500万元达成协议，比预计的估值降低了500万元。同时考虑到公司还有一些收尾的事情需要董事长协助处理，决定股权收购分两步走：第一步，先收购95%的股权并支付对应的价款，办理股东主体变更。第二步，董事长有义务协助处理环保资质事宜，对外资金拆借事宜、与我方委派的两位高管人员完成全部交接，待全部处理完毕后再收购剩下5%的股权。

最终双方签订交易文件，并按照交易文件完成了整个流程。

（二）股权私董会专家点评

1. 合理的估值是收购交易中非常重要的环节

公司的估值，简单来说，就是收购的整体价格，它的公允性自然很关键。一般判断公司估值可以参考公司最新一期审计报告中的股东所有者权益。同时，也需要留意前两年的审计报告，股东所有者权益数值上是否发生重大变化，并了解导致变化的原因。通过这个线索顺藤摸瓜，往往会有意想不到的收获。如果公司的账面价值不能全面地反映公司的实际价值，则可以聘请专业的第三方评估公司对整体股东权益进行评估，以评估结果作为参考标准。

上述案例中，各方事先谈好的估值既没有参考财务报表，也没有找评估公司进行评估，而是双方按照自己的经验，根据公司的主要资产达成的一致意见。这依赖于双方对公司、行业的了解程度，双方均认可即可。虽然收购方认可了3000万元的估值，并且也在投资意向书中确定了估值。但这是基于被收购方提供的信息真实的前提下作出的判断。如果尽调发现实际情况与提供的信息有出入且存在较大潜在风险，双方自然会对估值进行新一轮的谈判并予以相应的调整。我们在意向书中也明确了标准，该估值是基于厂房、设备的产权清晰，无争议的基础上。在协议书中也留有估值调整的弹性空间。

有读者可能会好奇，对化工厂的董事长而言，是不是估值越高就越好？

那倒也不一定，需要充分考虑股权溢价部分的个人所得税的成本，测算出一个公允的价格，使得双方支付的成本和纳税的成本最合理。

2. 根据项目实际情况合理规划交易结构

在上述案例中，收购方原先打算一次性收购100%股权，但在尽调的过程中，发现目标公司存在一些遗留问题，需要原股东本人来处理。虽然可以用约定义务的方式来进行约束，但是解决需要的时间较长，如果作为交割前义务，前老板不同意；作为交割后义务，对收购方有一定的风险，因为前老板已经拿到钱了，是否能够尽心尽力地处理问题存在较大的不确定性因素。因此，针对本次的收购我们设计为分两步走，先收购95%，待解决全部遗留问题后，再收购剩下的5%。当然，我们也会考虑到前老板对剩下的5%股权拒绝配合转让的问题，可以通过约定相应的违约条款进行保护。如此一来，前老板保留5%的股权对其意义不大，不配合的概率较低。

关于公司的债务如何处理也需要纳入考虑范畴，是由新股东承债式收购，还是由老股东承担，都需要进一步明确和约定。

3. 收购方应充分利用尽调环节，发现问题并在谈判过程中争取到更好的条件

按照严格的法律标准对任何一家企业做尽调，或多或少都有各类问题或风险，有些是公司目前的商业模式、业务模式下无法解决的；有些可以解决但需要花费较大成本，而风险本身又无伤大雅，因此没必要当下立马解决。对于收购方而言，通过尽调审查，发现企业存在哪些可能日后产生不利影响的风险，可以要求被收购方在约定的时间内解决。对于无法解决的，也可以要求被收购方在其他条款上适当让步。

作为收购方，一方面确认企业是否存在影响收购决策的风险，如果有重大风险，应及时止损停止收购。另一方面，对于非实质性的不合规事项，可以把握住机会，为自己争取到更有利的条件。

(三) 企业股权并购的思考与建议

1. 如何通过法律、财务尽职调查降低股权并购的风险

我们在上文中提到了尽职调查的重要性，但是如何开展尽职调查工作呢？

收购方在收购目标企业之前，往往会对企业进行法律和财务方面的尽职调查，并根据尽调结果综合判断是否收购、选择收购方式等。法律尽职调查通常由律师或投资机构专业法律人士针对目标企业历史沿革、公司治理和组织架构、关联方和关联交易、重大资产、重大债权债务、劳动社保、业务和重大合同、知识产权、诉讼等方面进行全面、深入、审慎核查，及时发现企业经营过程中不合规或存在的潜在法律风险，提醒收购方关注，并给出相应的合规建议或者整改意见，并影响最终投资决策。

通过法律尽职调查，发现企业的潜在风险点，针对风险点设计相应的收购条款，保护收购方的利益。不同行业企业的尽调侧重点各不相同，如收购一家化工类的企业，环境保护方面的合规就是尽调的其中一个重点，若发现该企业在危险品生产及排污环保方面的资质不齐全，这个潜在风险点需要体现在交易文件中；知识产权也是很多尽调项目中关注的重点。比如，收购一家有地块的制造型企业，土地使用权及房屋所有权的权属问题是重点，若土地是通过招拍挂取得的，但是土地出让金的支付时间超过了协议约定的支付时间，就有承担违约金的风险，且土地闲置时间超出了约定时间，还要承担政府收回土地的风险。

通过财务尽职调查同样会发现很多风险问题。比如，通过对比企业近三年的资产负债表，发现企业最近一年的其他应收账款金额有较大的增幅。需要去了解是否和关联公司有拆借或者不正当的关联交易情况。如果发现，应及时提示收购方可能会有坏账的可能性或通过拆借、不正当关联交易损害公

司利益的情形。

所以，作为收购方的老板，一定要重视收购前的尽调工作，绝不是走过场。

2. 重视收购意向书的重要性

很多老板不重视收购意向书的条款内容，认为不是正式的文本，即便签署也只有管辖、保密和排他条款有效，其他条款不具有法律约束力。抱有这样的想法会让公司在正式交易文件的谈判中陷入被动的局面。因为约定俗成的规矩是如果没有重大的变化，对已经在意向书中确认的核心条款进行实质性的改变会留下不尊重商业规则和不专业的印象，可能会影响公司的口碑。

因此，针对收购的核心条款，收购方式是资产收购还是股权收购、收购价格对应估值、承债式收购、收购的先决条件、公司治理的要求、过渡期的安排、尽调费用的承担、保密事项、排他期、管辖等都要进行审查。目标公司存在哪些重大的可能影响交易的情况也应事先告知，如重大债务、与生产经营相关的资质问题、重大资产有瑕疵等。只有在相对了解公司基本现状的前提下，双方才能确定合理的交易条件。否则，等到收购方通过法律和财务尽调发现风险和瑕疵，势必要重新谈条件，严重的可能造成交易障碍，也浪费了目标公司其他的机会成本。在上述化工厂的案例中，被收购方没有如实告知真实情况，双方又花了两轮的谈判时间对意向书的内容进行调整。

3. 提示几个收购交易文件条款的细节

在上文"重视收购意向书的重要性"中，我们列举了核心条款，在正式的交易文件中需要对这些核心条款进行明确的约定。我们举几个常见的条款来简单说明。

（1）列明股权转让款金额。如果各方约定的是承债式收购，在价格部分，除了列明应支付老股东的股权转让款的金额，也应当列明承债款的金额，即承接目标公司的债务，对其提供连带担保责任，在承接的债务清偿完毕后，债务消灭。

（2）列明支付方式和期限，对于数额较大的股权转让款且以老股东完成一定义务为前提的情况下，双方可以在银行设立共管账户，新股东把转让款打入共管账户，待完成一定义务或者股东主体变更完毕后，共管账户支付款项给老股东。

（3）约定清楚交付安排，在约定时间内，老股东保证移交全部经营权、资质、证照、资产、财务资料、公章印鉴等给新股东，保证新股东或其委派的人员可以完全接管公司的整体经营。在协议中明确交接过渡期内可能存在的各项特殊安排等。

（4）违约责任。对于老股东而言，需要重视未能按期收到股权转让款的违约金。对于新股东而言，则需要重视未能按期办理工商变更及交接手续的违约金。

第九章 家族企业股权顶层设计与财富传承

伴随着改革开放，我国经济飞速发展，出现了很多优秀的企业和企业家。企业家借着改革开放的政策之风，凭借自己的勇气和眼光，抓住机会，辛勤劳作，创造了令人瞩目的成绩。

企业的成功，不仅给企业家创造了丰厚的财务回报，实现了财务自由，更造福了社会，也为成百上千的家庭提供了工作机会和收入保障。我们期待中国的民营企业能够基业长青，持续为国家和社会贡献价值。对企业家而言，自己一手创办的企业，经营得不错，也能赚钱，当然希望企业能够传承百年，持续为家族后代和社会创造财富。总而言之，伴随着国家经济发展和法律法规日益完善，民营经济在过去、现在和未来都是中国经济发展的重要力量。

在过去，有的企业发展靠的是"胆大""敢闯"，但现如今，企业的稳定靠的是"合规""治理"，企业家更加关注的是"安全""传承"，担心的是企业原始积累过程中是否隐藏了未知的法律风险？企业和家庭财富是否安全？过去的治理模式和管理水平是否满足发展需求？企业是否建立了足够的风险对抗机制？能吸引和留住人才吗？管理团队选对了吗？家族成员之间如何分配财富、避免纷争等问题。"创富、守富、传富"，成为企业家时刻思考的问题。

在国内外宏观形势变化多端、大数据、信息化技术高速发展的当今，政府的监管手段日益高科技化、智能化，企业必须认真对待合规经营、公司治理、风险防范等重大课题。在企业转型升级的过程中，更要注重公司治理结构的优化和调整，用更加高效、科学的工具来配置企业发展所需要的资本、人才、资源；与此同时，"创一代"企业家对于企业传承、家族财富传承也需要做好系统、长期的规划。

根据我们多年为民营企业服务的经验，大多数民营企业在发展中存在一些历史问题需要解决，亟须厘清关系、轻装上阵；同时，企业在新的市场领域和发展模式下，需要建立更加健康、合法的股权架构和治理模式，不仅要做到股权清晰，还要做好股东与企业的风险隔离，兼顾优化税务成本，引进人才、资本的需求，确保企业传承有序，基业长青。

股权问题几乎是家族企业最核心、最容易产生纷争的问题。近年来，家族企业内部股权纷争不断，本章针对"家族企业股权顶层及优化"这个议题，分析股权设计不合理引发的诸多弊端，并提出解决方案。

一、家族企业经营，如何规避股东个人风险

（一）案例一：企业创始人遗孀被判赔偿 2 亿元债务[①]

小马奔腾的创始人李某以广告起家，随后逐渐涉足影视行业，最终形成了"广告+电视+电影+院线"的模式。

2007 年 8 月，北京小马奔腾文化传媒股份有限公司成立，正式进入影视行业。之后，小马奔腾制作、投资了一系列叫好又叫座的影视作品，前景一片大好。2007 年年底，小马奔腾首次融资，霸菱亚洲以 4000 万美元入股，成为当年行业内单笔金额最大的融资。[②]

2011 年 3 月，小马奔腾引入建银文化、信中利、清科创投、汉理资本等

[①] 《小马奔腾创始人遗孀"被负债"2 亿背后：股权隐患埋祸根》，载第一财经网，https://www.yicai.com/news/5391118.html?_da0.879228074630745，最后访问时间：2024 年 2 月 2 日。

[②] 参见《小马奔腾"失踪"》，载《经济观察报》2018 年 1 月 15 日第 854 期。

多家资本的7.5亿元融资,其中领投方建银文化出资4.5亿元。本轮融资,建银文化与小马奔腾的实际控制人李某、李某1、李某2签署了一份《投资补充协议》。这份被外界看作"IPO对赌"协议的《投资补充协议》约定:若小马奔腾未能在2013年12月31日之前实现合格上市,则建银文化有权要求小马奔腾、实际控制人或李某1、李某2、李某中的任何一方一次性收购建银文化所持小马奔腾的股权。

之后,小马奔腾的IPO之路受挫[①]。2012年11月3日,证监会展开IPO自查与核查运动,A股市场的IPO直到2014年1月才重新启动。对于承诺2013年12月31日前实现合格上市的小马奔腾来说,则意味着协议无法实现。小马奔腾最终仍未能按照约定期限登陆A股市场。最致命的是,2014年1月2日,小马奔腾创始人李某突然因病离世。

李某去世当月27日,遗孀金某当选小马奔腾董事长、总经理和法定代表人。随后金某积极为小马奔腾引进新的外部投资者,但因估值存在异议,最终以失败告终。随后公司陷入内部纷争。

小马奔腾是一家典型的家族企业,李某在世时,李某的姐姐李某2担任副总裁,分管财务、人事;李某的妹妹李某1负责集团旗下北京某广告有限公司。根据工商注册资料显示,创始人李某仅持有3%的股份,而李某姐姐李某2持股5.2%,妹妹李某1持股4.4%,北京小马欢腾投资公司持有45.33%。而小马欢腾投资公司分别由李某与其姐妹全资持有,其中李某1持有50%,李某2持有16.67%。

据金某介绍,李某1和李某2所持有的股票,系为李某及骨干团队代持。然而,李某1和李某2不承认存在代持关系。

在引资失败后不久,金某的董事长职务被罢免,改由李某1担任小马奔

[①] 《小马奔腾董事长去世 公司IPO蒙阴影》,载人民网,http://finance.people.com.cn/n/2014/0104/c70846-24021713.html,最后访问时间:2024年6月2日。

腾的董事长。2017年10月，公司作价3.8亿被公开拍卖。

按照"对赌协议"，李某、李某1和李某2三兄妹，需共同承担共6.35亿元。李某突然离世后，根据原《最高人民法院关于适用〈中华人民共和国婚姻法〉若干问题的解释（二）》①［以下简称《婚姻法司法解释（二）》］第二十四条规定，遗孀金某替代了李某的位置，成为被负债人。金某被要求担责，主要不是因为她是李某财产的继承人，而是由于她作为妻子，被要求根据《婚姻法司法解释（二）》第二十四条承担共同债务。该条规定，债权人就婚姻关系存续期间夫妻一方以个人名义所负债务主张权利的，应当按夫妻共同债务处理。

金某为此愤慨："当年的'对赌协议'，我没有签字，巨额的投资款项，也没有用于夫妻共同生活，我甚至都没有持有过小马奔腾的股权，这一切为什么要我来承担？直到被推到董事长兼总经理的位置，我才知道'对赌协议'的存在。"②

随后，金某向北京市高级人民法院申请二审③。2021年7月31日，金某收到了最高人民法院的民事裁定，其再审申请被驳回。这就意味着，在创始人李某身故后，金某需要承担2亿元连带清偿债务。

（二）股权私董会专家点评

小马奔腾案件中，有几个要点值得企业家关注：

---

① 已废止，现参见《民法典》相关规定。
② 《小马奔腾董事长去世 遗孀被判赔偿负债两亿引发热议》，载新浪网财经，http://finance.sina.com.cn/chanjing/gsnews/2018-01-10/doc-ifyqnick2496001.shtml，最后访问时间：2024年2月2日。
③ 《小马奔腾"夫债妻偿"二审宣判，创始人遗孀承担两亿债务》，载《新京报》，https://www.bjnews.com.cn/detail/157188877615264.html，最后访问时间：2024年6月2日。

1. 股权代持要明确

此案中存在李某股权可能被代持问题，但无书面代持协议，李某过世后，造成股权归属关系不清晰，产生股权权属纠纷，进而影响公司治理，引发内部纷争。现实中，实际出资人出于保护自己的财产隐私、规避法律对股东任职资格要求或者其他考虑，会找信任的人代为持股，这种现象很普遍。针对股权代持问题，一定要提前做好书面的代持协议，约定清楚实际出资人、名义股东的权利和义务。作为实际出资人，享有对应股权实际的表决权、分红权等各项股东权利；而名义股东享有工商登记的权利，实际出资人要求股权变更时应积极配合办理过户，未经过实际出资人同意不得对代持股擅自进行转让、质押等处置行为。对于一些特殊的股权代持，我们会建议提前签署好股权转让协议等工商变更材料，防止需要恢复股权时名义股东反悔不配合办理手续。

2. 公司资产与个人资产要严格区分

有限责任公司股东承担的是有限责任，只要合法经营，哪怕由于经营不善而导致公司负债，最多损失创业资金，不会影响自己未来的家庭生活。

但是，现实中还有不少私营企业家因公司、个人财务混同问题，导致个人乃至家庭债台高筑。风险主要集中在公司资产与个人资产的混淆，直接导致众多企业家为公司债务连累。因此，家族企业首先应把公私资产严格区分。

实践中，公司、个人财务未严格区分包括以下情形：

（1）注册资本金未实缴，注册资本金虚高带来重大隐患。

2024年7月1日之前，在旧《公司法》体系下，注册资本施行的是认缴制，股东只要在认缴期限内完成实缴即可，很多股东把认缴期限设置与公司营业期限一致。因为暂时不用实缴到位，股东对注册资本金没有概念，原本按照公司的行业、规模，注册资本金100万元即可，但股东认缴3000万元、5000万元，甚至上亿元，认为可以充分显示公司的实力。但是，一旦公司在经营过程中遇到负债，公司资不抵债时，债权人有可能向法院主张股东的出资加速到期，也就是股东需要提前按照认缴的金额出资，否则在未出资的部分对公司债务承担连带责任。不少企业家因为虚高注册资本金，在公司经营不善时，被公司负债拖累，导致个人财产受到损失。

自2024年7月1日起实施新《公司法》，公司的注册资本应当在五年内完成实缴。对新法施行前已登记设立且出资期限超过公司法规定期限的公司设置三年过渡期，也要求将出资期限在过渡期后逐步调整至五年期限以内。如果股东未按期足额缴纳出资给公司造成损失的，除应当向公司足额缴纳外，还应当对给公司造成的损失承担赔偿责任。

（2）一人有限公司，财务账目混乱，个人、公司财产混同，股东承担无限连带责任

公司仅存在一个自然人股东，公司内部的监督机制很可能成为摆设，导致公司沦为股东的"一言堂""白手套"，如果股东抽走公司盈利，却将债务全部留给公司，将使公司的债权人蒙受巨大损失。为此，《公司法》在促进商业发展和保护债权人之间作出了平衡，规定在一人公司的情况下，即公司只有一个自然人股东或一个法人股东的情况下，股东负有证明自己没有过度控制公司，公司财产与股东个人财产相独立的义务，如果无法证明则股东应当对公司的债务承担连带责任。如果公司是"夫妻档"，夫妻两人均为股东，在一些特定的情况下，也会认为符合一人公司的情形。

对此一人公司股东的风险，我们建议股东健全公司财务制度和财务记录，公司与股东个人的银行存款账户和财务收支分别管理；尽可能地避免公司账户与股东个人账户有资金往来。每一会计年度终了时编制财务会计报告，如果有条件，可以聘请会计师事务所做审计。

(3) 股东以个人名义承担公司运营费用

公司在早期阶段，运营不规范，特别是处于公司账户尚未开通时，公司日常运营费用从股东个人卡中支出，有些运营支出，金额小，无对应合同，甚至连发票也没有，很难确认股东支出的具体金额，回头再计算时也是笔糊涂账。若是运营费用超过股东认缴的出资，对于超出部分，在没有明确约定下，股东会很被动。股东想主张属于个人对公司的借款，但是既没有借款的合意，会计科目上也没有对应借款，有可能会被认定为股东对公司的超额投资，无法取回。

(4) 股东个人向他处借款用于公司经营

公司经营离不开资金的支持，办公室租金、员工工资、机器设备、产品研发、营销成本、渠道费用，每一步都需要资金，若公司盈利状况不佳，很容易面临现金流困境。而对于普通小公司，融资渠道不多，为了解决公司资金链问题，股东迫不得已以个人信用作担保或财产作抵押向别处借款用于公司经营；或者以公司名义向外借款，股东个人承担连带担保责任。若后期公司情况未能改善，则股东个人就要背上沉重的负担。

这种情形，更多的是股东个人选择的问题，要不要帮助公司，取决于对所处行业趋势把握、对公司核心竞争力和壁垒的信心、对团队的信任、对市场的预判、对自己承受能力的评估，相信企业家或多或少都遇到过。

(5) 公司注销后的债务承担

公司经营不善，股东决定提前解散公司，自行清算结束后，公司注销。但是在清算过程中，作为清算组成员的股东未能严格履行义务，未按照程序通知债权人或者遗漏通知债权人，导致注销后才发现债务问题未能妥善处置。债权人有权利要求作为清算组成员的股东承担相应的责任。

3. 应明确区分公司债务和个人债务

在本案中，涉债务的产生指向家庭经营活动，属于夫妻共同生活的一部分；夫妻关系存续期间，以个人名义所负债务，如约定为个人债务，应当明确写明，在无特别约定的情况下，不能推定为个人债务，而李某等人在对赌协议中，并未对案涉债务是否属于个人债务进行明确的约定，因此可认定属于夫妻共同债务。

如果事先约定为个人债务，并明确写明，则可能避免金某需要承担2亿元的连带清偿债务。当然，作为强势的投资方，在签订投资协议时，一般也不会同意对创始人股东承担的赔偿责任或者回购义务明确为仅系其个人债务。如何在类似强势的投资条款中降低创始人的风险，我们在本书第六章《企业股权融资》中"谨慎对待对赌条款及其他优先权利条款"给出了具体的建议，在此不再赘述。对于股东为公司承担的其他类型的债务，建议明确为股东的个人债务，尽量减少被认定为夫妻共同债务的风险。

二、如何分设"钱袋子"让家族企业成员利益平衡

（一）案例二：交叉持股平衡家族成员利益，分设"钱袋子"公司，避免亲情绑架

某民营企业主要从事小家电的研发、生产和销售。经过十多年的发展，现员工已接近1000人，资产规模近3亿元，并成为拥有数家子公司的集团公司。

集团公司由董事长夫妇二人、董事长的小舅子（以下分别称之为股东甲、股东乙、股东丙）三人共同投资成立，甲、乙、丙股东分别持有集团公司40%、30%、30%的股权。集团公司（以下简称A集团公司）控制的子公司共8家。

两家人当下总体关系良好，但对集团公司的下一步发展、个人投资理

财，也有一定的分歧，尤其是在各自子女的发展、接班等问题上有不同的考虑。

股权设计专家团队与甲、乙、丙三位股东就集团公司情况、公司股权结构问题进行了充分的沟通，并根据股东对现阶段的需求和对未来的考虑，股权顶层设计优化方案如下：

1. 设置 X 公司作为董事长家族的控股公司，将股东甲、乙持有的 A 集团公司的股权转让给 X 控股公司，持有 A 集团公司 70% 的股权。

2. 设置 Y 公司作为小舅子家庭的控股公司，将股东丙持有的 A 集团公司的股权转让给 Y 控股公司，持有 A 集团公司 30% 的股权。

3. A 集团公司对 8 家子公司 100% 控股。

4. 后期新的投资项目机会出现，可以用 A 集团公司控股或参股，可以 X 公司、Y 公司自愿组合，协商投资占股比例，也可以与外部机构或人员进行合资合作，灵活方便。

对调整后的方案，股东甲非常认可，"X 控股公司就是我们家的'钱袋子'，Y 控股公司就是小舅子家的'钱袋子'，以后我要做什么决策就从 X 控股公司拿钱，小舅子他要投资就从 Y 控股公司拿钱就行了，这样好！谁都不以亲情绑架谁！"

（二）股权私董会专家点评

调整后的股权设计方案优点：

1. X 控股公司、Y 控股公司分别作为两个家族的控股投资公司，两个家族对应的控股公司之间产权结构清晰，有利于家族财富的传承。各家族之间随着家族人口的增加、减少，可以相应在对应的 X、Y 控股公司层面调整股权结构，保障集团公司层面的股权架构是稳定的，有利于公司治理。

2. 两个家族获取的投资收益分配至 X 控股公司、Y 控股公司，X 控股公司、Y控股公司若再去做投资或投入经营，相比较自然人股东直接获取收益分配后再去投资，无须缴纳个人所得税。

3. 未来两个家族的投资可以自由组合，既可独立投资，又可合资，合资时股份比例可以自由协商，还可以独立或合资选择两个家族之外的其他股东参股合作。增加家族之间决策的灵活性和自由度，减少家族间投资理念问题带来的摩擦和不合。

三、家族企业股权顶层设计与财富传承的思考和建议

家族企业家的财富构成，基本可以分为企业端和家庭端，企业端主要为企业家个人和家庭成员名下持有的公司及股权，与之相对应的是，企业的股权分配、决策权、经营管理权、利润分配权、资产支配权等；家庭端主要为个人和家庭成员名下的房产、货币、股票、基金、保险等。

（一）家族企业面临的挑战与风险

第一，公司股权问题：股权架构、个人持股、股权代持、分配不均，隐藏巨大风险。

第二，家企不分问题：家企资产不分、财产混同、股东个人连带风险。

第三，税务合规问题：所得税、社保问题，金税四期下的税务风险。

第四，接班人问题：未来的事业交给谁？家族创业成员如何安置？

第五，持续发展问题：如何有效破除家族企业做不大的瓶颈？

第六，公司治理问题：如何建立科学有效的决策机制？

第七，人才稳定问题：如何避免家族化、高端人才流失风险？如何创新人才激励？

股权顶层设计是上述问题的核心，牵一发而动全身。

（二）家族企业股权顶层设计存在的问题

1. 家族企业股权结构不合理、公司治理不规范，无论企业是否上市，企业家都无法回避股权顶层设计问题。

2. 实际控制人不突出，家族企业的领军人物不明确、不清晰，这是一种看似有人管、实际没人管的格局，是一种缺"领头人"的组织状态。但是，企业的战略规划、并购重组、重大经营决策、高级人才物色、上市规划等问题，都是需要领头人来思考的。

3. 同时存在几个"领头人"，多头领导，导致企业决策效率低下、内部运营效率不高。多头指挥，内耗严重。派系林立，组织氛围较差，员工普遍没有激情，缺乏创新，增长乏力。

4. 家族成员成长不起来，外部人才进不来。

股权集中在家族成员手中，企业家面向社会动员、整合资本与人才资源的意识和手段都比较薄弱，如果薪酬体系、绩效管理体系也不完善，就难以打造出一支有战斗力的队伍。

股权顶层设计不合理的负面影响基本覆盖了企业战略、组织、业绩成长、人才队伍等各个方面。因此，企业家对于股权顶层设计问题要抓住时机，尽快解决，在后续发展道路上争取轻装上阵，快速奔跑。

（三）家族企业股权顶层设计布局

股权顶层设计与优化是一项系统的工程，要兼顾"天时、地利、人和"三个要素，达成共识、创造未来是关键，资产盘点、交易模式、手续办理居其次。

总体来看，应遵循"战略先行、结构优化、动态管理"的原则。

从中外企业家的经验来，家族企业股权顶层设计主要有三种布局方式：

方式1：成立家族控股公司作为发展和投资平台

为了避免家族企业股权的分散，成立家族控股公司对家族企业进行控股，将股权的传承或者分割限制在家族控股公司，可以较好地克服股权分散的风险。例如，上述"钱袋子"案例，通过成立家族控股公司持股集团公司，集团公司层面的股权结构清晰、稳定，有利于集团公司的决策和公司治理。

方式2：交叉持股平衡家族成员利益

创始人将家族产业分成多个不同类别的企业，根据子女感兴趣的业务，分别将各业务交由感兴趣的子女，但还是一家人。每个子女只控制一个企业70%的股权，剩下30%股权由其他子女平分，形成彼此交叉持股的态势。

这种方式使得各分支都对所经营企业绝对控股，每支都高度自治与自我激励，避免了与其他分支协商的成本和内部摩擦，这无疑是解决家庭成员众多情况下股权设置的一种好方案，而且维持了创始人所看重的家庭和睦。

比如，为了更好地处理分家的问题，包某成立了五个家族信托基金，一个作为整个家族的主体，另外四个则由四个女儿和女婿各自管理，掌控各自旗下的企业。

这样的做法，可以让各人自己全权管理，减少将全部家族中人集中于同一集团之中导致人多口杂，易产生摩擦和矛盾的问题，而各人必须承担各自的责任和投资风险，从而提升积极性。

方式3：家族信托模式

家族信托是以家庭财富管理、传承和保护为目的的信托，对家庭资产进行风险隔离和传承，受到越来越多高净值人群的青睐，成为综合性财富管理的重要工具。胡润百富集团发布的《2021中国高净值人群财富风险管理白皮书》提到，调研表明28%的企业家已经设立家族信托，35%的企业家计划设立家族信托。相比较不动产、资金、金融资产等可以自由流通的财产放入家族信托，股权同样也可以信托化。企业家（委托人）可以股权作为资产设立家族信托，也可以用家族信托直接或间接持有企业股权。股权家族信托化好处很多，包括以下几个方面：

（1）风险隔离。家族信托的特征之一是所有权、管理权、收益权的区分，通过信托，股权的所有权登记在受托人名下，股权收益权归属委托人指定的家人作为受益人。当企业家（委托人）遭遇破产、意外，作为信托财产的股权不受影响，股权的收益仍按照当初设定的规则执行和分配，充分隔离风险，保障家族的利益。

（2）维护家族对企业的控制权。股权信托通常会严格限定转让权，如股权不能转让，或委托人及受益人死亡后才能转让，这样的好处是有效地集中股权，帮助家族后代维护家族对企业的控制，保证企业不被外部兼并，维持家族基业长青。

（3）保障股权的稳定性，企业治理的秩序性。在设置信托时，企业家（委托人）已合理安排好家族成员各自的利益分配、长期分配法则，避免各家族成员之间产生矛盾。即使家族成员发生离婚、过世等情形，其他成员仍可按照安排享受利益分配，不会发生股权的分割和争夺。确保企业的稳定性。

（四）家族企业股权顶层设计与财富传承

1. 家族企业股权传承体系

（1）接班人的培养计划及实施；

（2）职业经理人的选拔与激励、约束机制；

（3）传承前后公司治理机制和决策机制的调整；

（4）重大突发事件的紧急预案制订与实施；

（5）公司股权分配方式及股权信托等股权传承方案的制订与不断优化；

（6）家族企业传承的交接班模式选择；

（7）传承中其他家族成员利益的平衡；

（8）传承中企业元老、高管的调岗与退出；

（9）家族企业传承与二代婚姻风险防控；

（10）创始人人脉资源、管理经验及其他无形资产传承；

（11）企业传承的税务筹划。

2. 家族财富传承体系

（1）家族/家庭资产的梳理与确权；

（2）家庭成员及家庭关系风险分析；

（3）家族财产分配的方式与风险分析；

（4）财富继承与传承的方式和方案选择。

通过本章的展开分析，希望各位企业家对家族企业股权顶层设计与财富传承有一个整体的认知与了解。家族企业股权顶层设计与家族治理、财富传承密切相关，事关重大，需谨慎对待、慎重考虑、周密设计。

第十章 股东冲突实务及解决机制

一、股东纠纷的危害

股权架构能够明晰股东之间的权利义务、责任、利益等重要问题，决定公司的控制权掌握在谁的手里，好的股权架构对公司的成长和发展有极大的好处。更重要的是，股权架构的设计决定了企业的类型，明晰的股权架构有助于企业顺利走向资本市场。

每个公司情况各不相同，最佳股权分配比例也各不相同，但最差的股权分配比例可能就是五五均分。对于初创公司，很多情况下是由于公司创始人的人合而成立，创始团队在股权分配上通常不会计较利益得失，忽略各自贡献大小、简单按照平均分配股权。这种分配，对于初创公司早期而言是好的，因为创始团队成员之间会互相信任，但随着公司的不断发展，可能就会在创始团队成员之间出现意见不合的情形。如果创始团队成员之间长期无法达成一致意见，不仅不利于公司发展，也很有可能会出现"公司僵局"的现象，限制公司的发展壮大，公司自然也就与资本市场无缘了。

基于公司法相关规定，相对理想的股权分配比例（同股同权的情况下）是持1/2以上股权，更理想的是2/3以上。不论后面是否融资，公司创始人都应该从公司成立之时就把握好对公司的控制权。如果创始人不能很好地控制股权，则不利于公司的长远发展。

虽然公司的人合性带来很多好处，但公司的发展不能仅靠"志同道合"的一腔热血。当股东之间产生冲突且难以调和时，往往会导致公司僵局，严重影响公司经营甚至导致公司解散清算。还有些拟上市企业，因为股东间的纠纷影响了企业上市之路。

（1）中原集团：股东意见不一致，上市计划搁置①

2016年5月，中原集团主席兼总裁施某表示，因与另一大股东王某意见不一致，其提出不合理要求，中原集团上市计划暂时无法执行。

作为中原集团的两位创始人，施某和王某原本拥有公司各50%股权，后经施某提议，两人各自出售自己5%股权给中原另一资深员工，集团亚太区总裁黄某。从而形成施某、王某各45%，黄某10%的占有结构。

按照香港的公司章程，要完成上市计划，必须要有公司75%以上绝对多数的同意，才可以进行。因此，持有45%股权的王某拥有否决权。

王某并不反对上市，然而他提出要成立一家控股公司，与施某各占一半股权，日后用于控制上市部分。而该控股公司两人轮流做庄，每人做一年主席。施某认为，这种方案并不符合现代企业的管理模式，每年换管理班子，很容易造成管理混乱，因此双方最终无法达成一致导致上市失败。

（2）真功夫：创始人因股东纠纷而入狱②

"真功夫"的股权纷争也是大众所熟知的案例。1994年，开五金店失败的蔡某夫妇，出资4万元加入小舅子潘某的餐厅，潘某占股50%，蔡某夫妇各占股25%。

2006年，蔡某和潘某甲协议离婚，潘某甲放弃了自己25%的股权以获取子女的抚养权，至此潘某与蔡某两人的股权比例也由此变成了1∶1。

2007年，今日资本和中山联动两家私募股权投资基金投资真功夫，真功夫股权结构变更为蔡某和潘某各占41.74%，双种子公司占10.52%，今日

---

① 参见《中原集团股东不合 上市计划再搁浅》，载中国网，http：//finance.china.com.cn/industry/hotnews/20160523/3734515.shtml，最后访问时间：2024年2月2日。
② 参见《真功夫内斗硝烟再起：一半股权归属悬而未决成隐患》，载经济网，http：//app.ceweekly.cn/? action=show&app=article&contentid=117302&controller=article，最后访问时间：2024年2月2日。

资本和中山联动各占 3%[①]。在私募基金的建议下，蔡某开始着手"去家族化"改革，从一些知名餐饮连锁企业挖来众多职业经理人，而在此过程中，真功夫多位与潘某关系密切的中高层离职或被辞退，这使得潘某被进一步边缘化。这也引起了潘某的反感，股东冲突由此引爆。

2010 年，潘某的妻子窦某，以监事身份开始向广州市公安局举报蔡某涉嫌挪用公司款项等经济犯罪。同年，蔡某、潘某、今日资本达成一份协议，约定潘某以 7520 万元向蔡某和今日资本转让真功夫相应股权。11 月，潘某收到蔡某全额支付购买股权的 7520 万元。但在收到股权转让金之后，潘某最终并未办理股权转让手续，而是继续举报蔡某涉嫌经济犯罪，此次举报，广州市公安局立案。

2014 年，法庭认定蔡某在 2009 年至 2010 年，从真功夫公司或侵占或挪用资金共 3000 多万元，分别构成职务侵占罪和挪用资金罪，被判 14 年。[②]

这场旷日持久的战争终于落下帷幕，而这一切都是因为创业伊始，股权架构及利益分配的不合理。真功夫两大股东围绕控制权的持续斗争，让企业元气大伤，这使得本应尽早上市的真功夫失去了抢占市场的良机。

因此，解决股东冲突是公司治理过程中必然要面对的问题。

本章节将以案例形式向大家介绍常见的股东冲突类型，了解股东冲突的危害，并探索预防和解决股东冲突的机制。

[①] 《真功夫股权或生变三年内斗错失上市机会》，载央广网，https://life.cnr.cn/2014she/2014shcy/201405/t20140514_515503895.shtml，最后访问时间：2024 年 6 月 2 日。

[②] 《真功夫原董事长获刑 14 年 涉职务侵占挪用资金》，载中国新闻网，https://www.chinanews.com/fz/2013/12-13/5617616.shtml，最后访问时间：2024 年 4 月 16 日。

二、股东冲突的常见类型

（一）创始股东因股权分配问题产生的股东冲突

1. 案例：怪兽充电公司想上市，创始股东要求先解决股权纠纷[1]

2021年，共享充电宝公司怪兽充电计划在美国上市，然而存在的股权纠纷问题给该公司上市计划蒙上了更多阴影。

两位天使投资人冯某与尹某在中美两地起诉怪兽充电 CEO 蔡某，希望其兑现此前承诺的3%怪兽充电股权。3月24日晚间，天使投资人冯某喊话蔡某，要求先解决他们之间3%的股权诉讼后再上市。

冯某称，其与尹某是怪兽早期创始团队成员，提出了共享充电宝的商业创意计划，并且深度参与筹建，"怪兽充电的名字都是我们起的，可谓是既出钱又出力"。

根据冯某方面提供的聊天截图，冯某在前期参与的工作内容包括：介绍创始团队、丰富和完善设计产品的商业模式、组织团队成员实地考察并承担相关费用、修改商业计划书、为蔡某介绍众多投资机构等。

2017年2月15日，冯某找到在美团任职的殷某并开始推动项目启动；2月20日，尹某、徐某入局；3月6日，蔡某、张某入局；3月13—15日，上述6人前往深圳拜访充电宝生产商、硬件制造商和设计公司；3月18日，冯某、尹某、蔡某三人达成了冯某、尹某二人投资500万元占股15%的共识。

而之所以没有立即针对这一投资签下书面协议，是因为冯某、尹某想在

---

[1] 《怪兽充电实控人遭投资人起诉，IPO 或将受阻》，载新浪网财经，http://finance.sina.com.cn/jjxw/2021-03-25/doc-ikknscsk1296293.shtml，最后访问时间：2024年2月2日。

公司注册时直接登记成为原始股东。在此后的一段时间内，冯某、尹某还为怪兽充电项目引荐了包括美国高通公司、DCM资本、愉悦资本、创新工场等知名投资机构。3月31日，蔡某以"工作方式"不同为由，说服冯某、尹某退出项目团队，同时亲自承诺赠送怪兽充电项目共计3%的股权。

2017年4月21日，怪兽充电对外宣布获得数千万元天使轮融资，资方包括紫米、顺为资本、小米集团、高瓴资本、清流资本等。

2021年4月1日，怪兽充电正式登陆纳斯克挂牌上市。虽然怪兽充电完成了上市，但或许受到冯某诉讼案件影响，上市时间比预期延迟了。

2. 股权私董会点评

（1）从案件涉及的法律关系角度分析，一方面，怪兽充电的CEO蔡某的承诺可以理解为单方赠与，在未实际变更股权之前，赠与人有权撤销赠与，所以可以不予兑现；另一方面，赠与也属于股权转让的一种形式。根据《公司法》的相关规定，除公司章程另有约定外，公司股权转让给股东以外的人，必须经过其他股东同意，并且不损害其他股东的优先购买权。不过根据于2024年7月1日生效的新《公司法》对股东对外转让股权做出相应的修改，股东对外转让股权，无须再经过其他股东过半数同意，仅需履行通知程序保障其他股东优先购买权即可。股权赠与行为是否能够排除其他股东的优先购买权而被认定为有效，各地裁判并没有统一口径，因此股权赠与行为的有效性在司法实践操作中也是有争议的。

另外，双方的关系也可以理解为股权代持，即蔡某代持冯某等人的股权，冯某等人要求交付股权实际为解除代持关系。但实际上，主张代持的风险较高。最明显的一点就是冯某等人并未与蔡某签订代持协议，根据微信聊天记录显示，蔡某表示的是赠与股权。因此，从表面上看，蔡某与冯某、尹某二人之间并不存在代持的意思表示。同时，根据《最高人民法院关于适用〈中华人民共和国公司法〉若干问题的规定（三）》（以下简称《公司法司法解释（三）》）的规定，实际出资人以其实际履行了出资义务向名义股东主张权利的，人民法院予以支持。但本案中，冯某、尹某二人是否实际出资未知，若未出资，又没有代持协议，那么冯某、尹某二人以代持关系向蔡某主张权利是具有较高难度的。

（2）从创始团队合作创业角度分析，创始团队之间的利益分配需要落实到实际层面。共同创业源自创始团队之间的信任，信任不能只停留在抽象的情感层面，维持信任关系是需要约束和保障的。怪兽充电公司的股东冲突纠纷实际完全可以避免，涉及切身利益时，白纸黑字永远比好听的口头承诺更具有保证效果。

（二）未约定股权退出机制产生的股东冲突

1. 案例：提前设立有效股权退出机制，应对影响公司健康发展的小股东

（1）案情介绍

2017年，赵某成立了一家公司，朱某看到公司具有发展前景，就参与投资该公司。2019年上半年，公司引入了外资投资，扩大了经营规模，此时朱某的股权从初期的30%稀释为10%。引入外资时，外资方曾要求公司原股东签订竞业限制协议，要求未经允许不得在外从事同业竞争行为，朱某最后推脱未签订该竞业协议。

2020年以后，赵某经客户提醒发现，朱某数次将本公司原客户引流至朱某在外经营的其他关联公司。经赵某调查发现，朱某本人是一名经验老道的投资者，他经常投资创业公司进行新业务领域的尝试，待时机成熟后再"搭便车"夺取成果。

赵某发现后，起先想要和平解决问题，便主动与朱某协商，愿意收购朱某的股份，让朱某退出公司，以后可以公平竞争。但朱某在协商股权转让价

格时，多次临时加码，双方对其中5%股权转让价格达成一致，但剩余5%股权价格存在严重分歧。赵某无法接受这样的天价，无奈之下，诉至法院，要求对朱某在担任公司董事期间在外经营同类业务公司的收入行使归入权。

赵某的本意是希望以发起诉讼的手段寻求一个谈判调解的机会，但朱某随后反手便对公司提起了行使股东知情权的诉讼，并且在知情权案件尚未审结的情况下，对赵某个人又提起了损害公司利益责任纠纷的诉讼。此时，赵某才明白，他与朱某之间的矛盾将会是一场"持久战"。

（2）股权私董会专家点评

①股东冲突会引发系列案件纠纷

股东间一旦产生难以调和的矛盾时，双方就会以各种手段相互"伤害"。股东知情权纠纷往往就是股东矛盾正式摆上台面的开端。根据《公司法》相关规定，股东行使知情权的范围包括查阅、复制公司章程、股东会会议记录、董事会会议决议、监事会会议决议和财务会计报告，以及查阅公司会计账簿。2024年7月1日生效的新《公司法》加强股东知情权的保护力度，新增股东可以查阅复制股东名册、查阅会计凭证等相关规定。而其中，行使知情权的股东往往会从财务角度对公司或者其他董监高人员"找茬"。例如，股东查账后认为公司有利润未分配，提起公司盈余分配纠纷之诉；或者股东查阅相关资料发现其他股东或者高管利用公司进行不正当的关联交易，因此向法院提起损害公司利益责任纠纷之诉；甚者，还有股东查账后发现公司账目存在"偷税漏税"嫌疑，直接向有关部门举报，导致公司相关人员落入被高额罚款甚者入刑获罪的局面。

因此，股东之间冲突的局面一旦形成，若没有良好的解决机制，冲突双方都必须做好长期"对抗"的准备及后果。

②设立合法有效的退出机制很重要

对于赵某来讲，虽然朱某仅占有5%的股份，但朱某一天不退出公司，就会持续对公司造成恶劣影响。例如，朱某会持续将本公司的客户引流到其经营的同业公司，本公司引入新投资需要全体股东一致签字认可，但朱某很可能出于竞争关系拒绝签字。甚者，朱某行使股东知情权对公司查账，得知公司的定价政策等商业秘密，或者举报公司账务存在瑕疵等。

因此，面对该种类型的股东冲突，提前设立一个退出机制非常重要。那么如何才能合法有效地设立退出机制呢？请看下一个案例。

2. 案例：章程是公司效力最高的文件，合理设立股权退出机制，让股东没有反悔机会

（1）案情简介

DH餐饮有限责任公司（以下简称DH公司）成立于1990年4月5日。2004年5月，DH公司进行国有企业改制，宋某系DH公司员工，出资2万元成为DH公司的自然人股东。DH公司章程第三章"注册资本和股份"第十四条规定"公司股权不向公司以外的任何团体和个人出售、转让。公司改制一年后，经董事会批准后可在公司内部赠与、转让和继承。持股人死亡或退休经董事会批准后方可继承、转让或由企业收购，持股人若辞职、调离或被辞退、解除劳动合同的，人走股留，所持股份由企业收购……"，第十三章"股东认为需要规定的其他事项"第六十六条规定"本章程由全体股东共同认可，自公司设立之日起生效"。该公司章程经DH公司全体股东签名通过。

2006年6月3日，宋某向公司提出解除劳动合同，并申请退出其所持有公司的2万元股份。2006年8月28日，经DH公司法定代表人赵某同意，宋某领到退出股金款2万元整。2007年1月8日，DH公司召开2006年度股东大会，大会应到股东107人，实到股东104人，代表股权占公司股份总数的93%，会议审议通过了宋某、王某、杭某三位股东退股的申请并决议"其股金暂由公司收购保管，不得参与红利分配"。后来，宋某以DH公司的

回购行为违反法律规定，未履行法定程序且公司法规定股东不得抽逃出资等，请求依法确认其具有 DH 公司的股东资格。

本案经历了一审、二审、再审，均裁判驳回宋某的要求确认具有 DH 公司股东资格的诉讼请求。

(2) 股权私董会专家点评

本案并不是一个典型的股东冲突案例，但它对解决股东冲突具有突出的借鉴意义。这个案例，充分体现了公司意思自治的原则，即事先通过公司章程设立股权退出机制，对全体股东具有约束力。这不仅维护了公司利益，也避免了股东冲突对公司带来的后续影响。

本案的焦点之一为，DH 公司的公司章程中关于"人走股留"的规定，是否违反了《公司法》的禁止性规定，该章程是否有效。根据法院的裁判结果，DH 公司章程中关于人走股留的约定合法有效，而裁判合法有效的理由主要分为以下三点：

第一，该公司章程的制定经过了合法程序，并由包括宋某在内的全体股东进行了签字，因此该章程对宋某发生效力。

第二，本案中，宋某之所以成为 DH 公司的股东，其原因在于宋某与 DH 公司具有劳动合同关系，如果宋某与 DH 公司没有建立劳动关系，宋某则没有成为 DH 公司股东的可能性。同理，DH 公司章程将是否与公司具有劳动合同关系作为取得股东身份的依据继而作出"人走股留"的规定，符合有限责任公司封闭性和人合性的特点，亦系公司自治原则的体现，不违反公司法的禁止性规定。

第三，法院认为 DH 公司章程第十四条关于股权转让的规定，属于对股东转让股权的限制性规定而非禁止性规定，宋某依法转让股权的权利没有被公司章程禁止，DH 公司章程不存在侵害宋某股权转让权利的情形。

该案例对创业者在设计退出机制时的启示如下：

第一，设计合理、相对公平的股东退出机制，减少股东纠纷的频率或者发生股东纠纷时有"章程"可依。

第二，在设计"人走股留"时，要注意"股留"价格的相对公允性及"股留"的程序操作方式。

第三，设计退出机制时，全体股东均同意对其权利加以限制是有效的，但是彻底剥夺股东的权利，禁止任何的退出手段，如永远不得对外、对内进行股权转让，类似约定可能会无效。

至于如何设计合理公平的退出机制在此不再赘述，可参考本书第三章之三的"创始人股权分配的思考与建议"。

（三）因公司控制权问题产生的股东冲突

1. 案例：李某的创业之路

（1）案例简介

1999年，李某与妻子俞某共同创立某图书电商公司（以下简称A公司）。A公司创业期，这个项目是由李某主导的。在创立A公司之前，李某做图书生意已有8年历史，可以算是创业前的经验积累。俞某其实是后参与"网上卖书"事业。在俞某认识李某之前，俞某在华尔街自己开公司，主营业务是资本运作。成立A公司之后，俞某在公司中的主要职责也是财务、行政、对接资本。

2010年，A公司在纽交所上市，此时李某持股38.9%，而俞某仅持股4.9%。2014年，李某与俞某的管理分歧明面化。李某主动让出管理权，让俞某掌管旧A公司的业务，而自己去开辟新业务，即所谓的"新A公司"。2018年，俞某收缴了李某手上所有的业务。2019年，A公司创始人李某公开宣布离开A公司，李某至此从A公司出局。

（2）股权私董会专家点评

我们可以从 A 公司发展的三个阶段，感受控制权的重要性。

①A 公司上市前阶段。李某在 A 公司初创阶段具有绝对的控制权，此时的李某拥有 8 年的图书生意经验，俞某从未参与过图书事业，因此这个阶段，俞某也很愿意做辅助。A 公司迎来了发展的黄金时期，2010 年 A 公司在纽交所上市。

②A 公司上市后高速发展阶段。A 公司上市后，应当是一个高速发展的好时期，然后因为李某与俞某工作理念的分歧，且双方谁也无法说服谁，A 公司迷失了发展的方向。分歧最大的时候，李某在 2014 年主动放弃 A 公司的管理权。

③A 公司后期阶段。2018 年俞某收缴了李某的业务，双方依旧矛盾不断，2019 年李某宣布出走。至此，俞某已经成为 A 公司的绝对控制人。然而，不知是否因为李某、俞某长时间的内斗消耗，A 公司在此之后的市场份额有一定程度的下降。

一条船上不能有两个船长，而李某和俞某两名高材生打败了很多对手，却最终败在了这一点上。A 公司的案例，让我们看到公司股东如果出现严重冲突、长期对立，将动摇公司的人合性基础，股东之间会缺乏起码的信任，股东会无法召开或无法通过有效的决议，导致公司不能决策、无法经营，正常运营活动停滞，具有极大的危害性。公司想要长足发展，一定要重视股东冲突的预防与处理。从上述案例，我们可以归纳出股东冲突的危害后果及原因，并针对原因得出预防和解决方法。

2. 案例：股东之间平衡的艺术

（1）案情简介

火锅连锁店海底捞公司曾经也是均分股权结构，对于长期发展十分不利，最后因一方让步实现了共赢，成功上市。

2001年，四川海底捞有限公司注册成立，股东共有4个人：张某、舒某、施某和李某。4个人的持股比例均为25%。后来张某和舒某，施某和李某分别结为夫妻，这样两家的股权结构就变成了50%对50%。这种股权均分的结构很容易出现问题，而且夫妻店这种家庭作坊也会制约企业的发展。所以，最早张某让太太也离开了公司，2004年，施某的太太也离开了公司。这样张某和施某各自持股50%。

2007年，施某将持有的四川海底捞18%的股权以13年前的出资额转让给张某。张某的股权由50%变成了68%，实现了对公司的绝对控股。2018年5月17日，海底捞国际控股在港交所递交上市申请，2018年9月26日，海底捞正式登陆香港资本市场。

（2）股权私董会专家点评

最差的公司股权结构可能是股权平均，股权一旦平均，公司没有绝对的控股股东，公司决策形成不了一致意见，公司治理很容易出现山头林立现象，严重的甚至导致公司四分五裂。

但是海底捞比较幸运，创始人张某遇到了施某，张某直接开价收购了施某夫妇18%的股权，施某夫妇也非常有格局地接受了。2007年，张某夫妇控股比例高达68%，对公司形成了绝对控制权，也拥有了绝对控制权，海底捞迈向了上市之路。

2018年海底捞成功在港交所上市。在上市公司，张某夫妇直接持股37.62%，但二人成立了海底捞国际控股有限公司（NP United），持股36.96%，而这家公司也是海底捞申请上市的主体。这样，张某夫妇通过直接持股37.62%+间接持股36.96%，控制了海底捞74.58%的股份。而且海底捞在上市前没有外部投资人，除上述核心人员外也没有其他员工持股，这与海底捞公司的发展战略有关，通过创始人绝对控股，公司核心人员、老员工少量持股，使创始人牢牢掌握了公司控制权。

创始人张某通过购买另一创始人股份,设立公司持股海底捞,通过直接和间接持股的方式化解了创始之初的"最差股权结构"危机,为顺利上市奠定了基础。

三、股东冲突的解决机制

(一)股东冲突的危害性

1. 直接影响公司的正常决策

公司股东严重冲突一旦形成,公司无法正常决策,公司就脱离了正常的运行轨道。其结果是公司管理陷入瘫痪和混乱,公司业务活动无法正常开展,公司财产在公司股东冲突的持续期间不断地耗损和流失。如果公司无法在可承受的时间范围内解决股东冲突,公司会面临更为艰难的境地,甚至面临破产的危险。

2. 危害股东的利益

公司存续的目的是实现股东利益的最大化,因此,公司利益的损害最终将由股东来承担。对立股东各方为了在冲突中争取有利地位,会将大量的时间、精力和金钱浪费在持续不断的争斗中,这将进一步破坏股东间的合作关系,损害股东利益。

3. 给社会带来危害

公司作为市场主体,在陷入股东严重冲突状态时,不仅其自身经营行为能力和偿债能力持续减损,还会影响公司外部诸多债权人债权的实现,产生公司债务的大量堆积,从而使公司商誉下降、客户流失,甚至激发公司员工的群体性矛盾,从而对市场乃至社会稳定产生震荡。若公司因为股东严重冲突而解散,不仅公司长期以来积累的商誉将不复存在,公司员工也将因此而失业，这与公司的初衷——节约市场交易成本并通过有效运行以实现资本最大化严重背离，甚至造成经济社会发展的重大障碍和包袱。

（二）股东冲突产生的原因

1. 公司章程不完善，无法发挥正常作用

公司章程是公司必备的规定公司组织及活动基本规则的书面文件，是股东共同一致的意思表示，载明了公司组织和活动的基本准则，是公司的最高效力文件。就一定程度而言，公司章程的完善与否与公司的运作效率及抵抗风险的能力有着密切的联系。

假使在公司章程中能够预先对解决公司一系列的困境问题作出相关规定，那么对公司股东冲突的形成也会起到一定的制约作用。然而，现在多数公司在创立公司时并不注重章程的设计，往往随意采用"模板"，而忽视了章程的重要作用。

2. 股东持股比例不合理

在有限责任公司内部事务上，占绝对优势的股东一股独大，通常可以控制股东会和董事会，而股权比例相对较少的股东难以形成自己独立的意识。但在特殊情况下，大股东的股权比例和其他股东的合计股权比例相持平时，两派股东就会因为各自的利益争执不下，使得管理层和执行层处于胶着状态，形成公司经营管理僵持。公司股东形成对立派系后，任何一派都无法作出合法有效的决议，生产经营难以推进，公司利益受损，进而又加深了股东冲突。

3. 公司决策管理机制存在问题

公司的决策管理机制是公司生命力的核心。良好的决策管理机制不仅能够有效避免公司股东冲突的产生，而且有利于化解股东冲突；存在重大缺陷的决策管理机制不仅不利于避免或化解股东冲突，而且是股东冲突产生的重要原因。因此，我们一定要未雨绸缪，高度重视公司决策管理机制的设计，做到规范、合理、科学。

4. 公司股东素质参差不齐

公司股东素质参差不齐又自以为是，难以达成共识，也是形成公司股东严重冲突的重要原因。在公司运行过程中，公司股东及董事基于其本身的经营理念、投资意识、价值判断等各方面因素，对具体的事项会形成不同的意见。当存在共同利益时，股东和董事们自然会趋利避害，追求最大价值的共同利益；然而，当利益分配出现冲突时，个体的理性会使股东们意见相左，这时如果部分股东素质欠佳、斤斤计较，就很容易产生股东冲突。

（三）股东冲突的预防和解决机制

1. 设立公司时，应慎选合作伙伴（股东）

在设立公司时，各股东合作意愿往往强烈，但在公司运营一段时间后，股东们因受教育程度、经营理念、利益追求等方面的差异，可能产生难以调和的矛盾，导致公司无法正常经营。这就要求股东们在设立公司时，不能盲目地仅考虑项目所带来的可观收益，却忽视了合作过程中必然存在的各种冲突。在选择股东时，应多方位考虑各股东的综合素质，尽量寻找性情、理念一致、有过合作经历的合伙人进行合作，这样能在一定程度上降低公司出现股东严重冲突的可能性。

2. 仔细推敲，用心制定和使用公司章程

首先，股东在设立公司时应意识到章程的重要性。公司章程是股东真实且一致的意思表示，载明了公司组织和活动的基本准则。公司在运营过程中，万一股东之间产生冲突，章程就是裁判准则。例如，通过章程可以实现表决权的同股不同权。现实生活中经常有一些公司的股东只投资不参与经营，但是他们的持股比例并不低，对公司的重大决策具有关键影响。而通过公司章程的设置，可以将更多的表决权集中于实际管理股东，因重大事项决议产生冲突的，实际管理股东可以更好地控制局面。

其次，在设立公司时应全方面预测将来可能产生的经营矛盾，并在公司章程中作出前瞻性规定。在公司设立时，股东不能感情用事，应预测将来可能发生的纠纷和冲突，并在章程中作出行之有效的规定。例如，在合伙之初，就预先设立多种退出情形。

最后，避免出现公司股东冲突，充分发挥公司章程的预防作用。

3. 组建科学合理的公司治理结构

在公司的治理结构中，股东会作为公司的决策机关，是公司的最高权力机关，但董事会也掌握着公司重大事项的具体落地执行。这就要求在组建公司机构时，除股东会以外，董事会、总经理、财务负责人等岗位的设置和任职要求均应妥善考虑。新《公司法》加强了董事监高人员的权利。这确保大股东始终能够对公司处于绝对控股地位，即使将来股权比例减少，仍旧可以通过特定的表决体制或董事会、理事会选任体制来维护自身的决策权益，从而在不影响公司发展的情况下，自始至终能够掌握公司的运营决策。

4. 引入法律专业人才

在公司设立、运营时期，股东之间大大小小的冲突不可避免，如不注重依法经营，后果难以想象。在股东合作的过程中，完全没有矛盾是不现实的，法律专业人才的功能在于预防纠纷。他们不仅能为公司遇到的法律问题提供解决方案，还能为将来可能遇到的问题作出防范。

附件一

非上市公司股权激励常见争议及解决

文/陈元

前言： 股权激励以激励与约束相结合为原则，以实现公司利益最大化为目标，越来越受到企业的重视。股权激励并非上市公司的专利，相反，非上市公司也可以设计出行之有效的股权激励方案。但相比上市公司而言，非上市公司的股权激励没有相关的法律法规可供参照，其复杂程度、棘手程度由此可见一斑。本文试图通过实务中的真实案例探析非上市公司股权激励常见纠纷，以期帮助非上市公司构建完善的股权激励方案、维护公司和劳动者的合法权益。

一、非上市公司股权激励的特点

（一）法律规定不明确

2016年7月，我国证监会发布了《上市公司股权激励管理办法》[①]，上市公司的股权激励从此实现了有法可依。而非上市公司的股权激励没有相关的法律法规可供参照，其复杂程度相对较高，司法实践中非上市公司的股权激励纠纷也较为常见。更多情况下，非上市公司与激励对象之间无法达成一

[①] 中国证券监督管理委员会于2016年7月13日正式发布《上市公司股权激励管理办法》（自2016年8月13日起施行），原《上市公司股权激励管理办法（试行）》及相关配套制度同时废止。2018年8月15日，根据《关于修改〈上市公司股权激励管理办法〉的决定》修订。

致意见时只能参照《中华人民共和国劳动合同法》《中华人民共和国公司法》（以下简称《公司法》）来处理。就拿小股东回购股权的情形来说，《公司法》第八十九条总结归纳了公司僵局、股东困境的几种情形：五年不分红，公司合并、分立、转让主要财产，章程规定营业期限届满或出现其他解散事由而公司通过修改章程而不解散的。以上总结归纳极为有限，现实中的情况要复杂得多。法律对非上市公司股权激励规制的不完善情况，也从另一个侧面反映了公司与激励对象之间要有更加细致的约定，更体现其意思自治原则。

（二）激励方式灵活多样

从股权激励的方式来看，上市公司股权激励除需要遵守严格的程序外，一般是以限制性股票、股票期权等方式来实行的，而非上市公司股权激励的方式更加灵活、多样。除股权形式外，还可以是非股权形式的激励，如虚拟股票、增值权、利润分享计划、长期福利计划等。

但是，在股权形式上，非上市公司最常见的激励模式是限制性股权模式，而上市公司最常见的两种股权激励的模式主要是限制性股票和股票期权模式。

（三）激励对象人数限制

从股权激励的对象来看，由于公司法对股东人数的限制，非上市公司股权激励的对象往往局限于公司高级管理人员和核心技术人员，普通员工难以享受到股权激励的好处。根据《公司法》相关规定，有限公司的股东不能超过50人，股份有限公司的股东不能超过200人。因此，在设计股权激励方案时，需要注意股权激励计划实施后的股东人数不能违反法律的规定，否则就容易和非法发行证券罪擦边。

（四）激励股票的来源不同

从股权激励的股票来源来看，由于《公司法》没有规定有限责任公司可以回购本公司股权用于奖励员工,股票来源主要是股权转让和增资扩股。非上市股份公司不能公开发行股份,因此,股权激励股票的来源:一是公司向股东回购股份后授予激励对象;二是股东转让;三是公司向激励对象增发股份。

二、非上市公司股权激励常见争议及解决

(一) 如何划清股权激励纠纷与劳动争议纠纷的界限

1. 股权激励部分是否属于劳动争议的处理范围?

股权激励是公司为了激励和留住核心人才而推行的一种长期激励机制,是目前最常用的激励员工的方法之一。因此,与股权激励相关纠纷往往是与劳动争议纠缠在一起出现的。那么,法院对股权争议部分能否与劳动争议部分合并处理呢?

经典案例 1

刘某原为 A 公司的管理人员,于 2012 年 6 月进入 B 公司。2012 年 6 月 20 日,B 公司为甲方,与作为乙方的刘某签订《股权激励协议》,内容为:鉴于乙方在原单位 A 公司集团享有人民币 300 万元的股票期权,且其预期在 2015 年年末上市,双方在平等自愿的基础上,经充分协商,甲、乙双方提供同等价值激励以给予其补偿,现就有关情况达成如下协议:一、乙方必须在甲方的 B 公司旗下某分公司工作服务满 5 周年;二、甲方对乙方的激励平均分五期完成授予,并出具书面函证。

2014 年 8 月 12 日,B 公司向刘某出具了解除劳动关系通知书,刘某请求支付工资等以及兑现股权激励,B 公司主张股权激励不属于劳动争议范围。本案诉至一审法院,一审法院认为:鉴于刘某原为 A 公司的管理人员,B 公司通过多方努力才邀请到刘某任职,许诺刘某在完成经营目标的前提下给予其与原单位同等的股权待遇,在签订劳动合同的次日签订了股权激励协议。可见,出发点是为获得刘某为 B 公司提供劳动的机会。股权激励本质上是用人单位的一项管理行为、报酬分配行为,是附着于劳动关系而产生的,故股权激励纠纷属于劳动争议,可在本案中作出处理。

B公司对一审法院认定不服,遂上诉至二审法院。

二审法院认为:本案中的《股权激励协议》系上诉人为争取被上诉人刘某到上诉人处工作的机会,与被上诉人约定《劳动合同》相关事项基础上,经平等自愿的协商,上诉人愿意提供与被上诉人在原单位A公司集团同等价值激励给予其补偿,该协议基于上诉人与被上诉人之间的劳动关系产生,与双方之间的劳动关系存在密不可分的联系,系上诉人为引进高级管理人才自愿作出的激励和补偿,应当视为被上诉人刘某到上诉人处工作除基本工资外的附加报酬,故也应属于劳动争议审理范围。

经典案例2

赵某于2014年8月20日入职某网络公司,某网络公司向赵某发送的录用通知书中记载:您将享受某网络公司期权奖励,公司承诺提供某网络公司第三期期权12万股,您将享受公司股权奖励,公司承诺提供某网络公司股权2万股。

2017年5月22日双方解除劳动关系,某网络公司与赵某签署《协议》,记载"甲(某网络公司)乙(赵某)双方经友好协商,一致同意于2017年5月22日解除双方劳动关系,双方共同确认:甲方为乙方支付长期激励款项,税前金额为653290元,支付方式为乙方解除劳动关系后,分12个月支付"。

后因某网络公司未按照协议向赵某支付长期激励款项,赵某向北京市海淀区劳动人事争议仲裁委员会提起仲裁申请,该委员会于2018年4月16日作出京海劳人仲字(2018)第5581号裁决,裁决:某网络公司向赵某支付长期激励款653290元。某网络公司不服该裁决,向法院起诉。

法院认为:某网络公司与赵某于劳动关系解除时签署的《协议》是基

于双方的真实意思表示，对双方均具有约束力，且股权激励也是基于劳动合同订立、履行、解除而引发的争议，属于劳动争议案件受理范围。

2. 公司与激励对象能否约定违约金

实施股权激励的用人单位一般都会要求员工出具承诺函，承诺一定期间内不得离职，否则需要支付违约金，围绕该承诺函效力的争议是否属于劳动争议呢？能否依据劳动合同法来认定该承诺函的效力？

经典案例3

彭某在某公司工作期间，向某公司认购了股票，在行权期内，某公司由于发展策略的转变，将员工的限制性股票转换成了普通股，并与彭某签署了相应协议以及《承诺函》，在《承诺函》中约定了违约金条款。彭某与某公司形成两种法律关系：一种是基于其劳动者的身份与某公司构成劳动合同关系；另一种是基于其认购了某公司的股票成为某公司的股东，与某公司形成了股东与公司之间的关系，本案某公司以彭某违反了其于2008年3月20日出具的《承诺函》的约定为由，要求彭某支付违约金及相关利息。

基于彭某与某公司存在两重关系即劳动合同关系和股权关系，在认定该承诺函效力时，应当依据《劳动合同法》还是依据《公司法》抑或《合同法》[①]呢？依据不同的法律，将直接影响该承诺函效力的认定。

法院认为：从《承诺函》中"本人彭某，为某公司的股东。截至本承诺函签署日，本人持有公司股份2.77万股。鉴于本人在公司任职，且是以优惠的条件获得上述股份"的表述看，彭某是基于某公司给予其购股资格成为股东后而作出的承诺，而给予彭某购股资格并非某公司作为用人单位的义务。虽然《承诺函》中关于"不以书面形式向公司提出辞职、不连续旷工7日"的表述涉及劳动者应遵守的劳动纪律，但这并非劳动者为了获取工作机会而作出的承诺，承诺内容并非某公司与彭某对劳动合同的补充，而是在彭

---

① 已废止，现参见《民法典》合同编。

某获得了以优惠价格购买某公司股票的资格后作出的承诺,即某公司一方面给予彭某以优惠价格购买股票的资格,另一方面也要对彭某的行为进行一定的约束,彭某在确认将其持有的限制性股票转换为普通股票的同时作出一定的承诺,是股东基于认购股票对公司的承诺,彭某以其承诺换取股票收益,故某公司与彭某是公司与股东之间的普通合同纠纷,非劳动合同纠纷,判断《承诺函》的内容是否符合法律规定,应适用《合同法》及《公司法》,而不适用《劳动合同法》。最终,法院依据合同法和公司法的相关条款判定上述《承诺书》合法有效。

律师点评:

劳动法调整的是劳动关系及与劳动关系密切联系的其他社会关系,是劳动者保护与劳动监管的统一,体现了公法与私法的混合性。劳动法中对于用人单位单方行使劳动合同解除权的限制性规定就体现了国家对劳动关系的积极干预,通过对用人单位解除权的限制以达到稳定劳资关系的目的。而公司法的调整对象主要是在公司设立、组织、运营或解散过程中所发生的社会关系。这反映的是企业内部的组织管理关系,赋予公司更多针对高级管理人员权利义务的自主决定权,高度体现了公司作为市场主体的意思自治原则。在以劳动争议为主的案件中,关于股权激励部分的处理,首先,要确定股权激励部分是否属于该案劳动争议的审理范围,这决定了对该部分纠纷的处理是适用公司法还是适用劳动法。

《最高人民法院关于审理劳动争议案件适用法律若干问题的解释(一)》第一条规定,用人单位和劳动者因劳动关系解除及支付解除劳动关系经济补偿金产生的争议,属于劳动争议的范畴。由案例1、案例2可知,一审法院和二审法院均考虑了《股权激励协议》签署的出发点,将签署该协议的目的和背景作为认定争议性质的关键,股权激励部分和劳动关系之间存在较为紧密的联系,故此将此类纠纷认定为劳动争议应该成为此类股权激励案件的倾向性裁判观点。

再来看案例3，根据《劳动合同法》的规定，仅在两种情况下用人单位与劳动者可以约定违约金：一是用人单位为劳动者提供费用进行专业技术培训并约定服务期限，如果劳动者违反服务期约定，应当按照约定向用人单位支付违约金，违约金的数额不得超过用人单位所支付的培训费用；二是如果劳动者违反与用人单位达成的竞业限制约定，应当按照约定向用人单位支付违约金。《劳动合同法》还特别规定，除了前述两种法定情形之外，用人单位不得与劳动者约定由劳动者承担违约金。由此可见，如若适用《劳动合同法》，彭某将不用支付违约金。

对于案例3，彭某是劳动者还是股东的不同认定将直接导致相反的判决结果，最终该案法律关系认定为民事法律关系而非劳动合同关系。值得注意的是，在激励股票由限制性股转换为普通股时，彭某就已落实了股东身份。因此我们认为，如果股权激励给的是实股，可以股东身份约定违约金。但如果是尚未解封的限制性股或者股票期权，鉴于股东身份不明，只能禁止行权，无从约定违约金。

是否将股权激励争议纳入劳动争议范围，目前尚无统一的司法观点。同样是劳动争议中涉及股权激励纠纷，两个案例中的法院却作出了不同的认定，实践中，法院会结合股权激励协议的签署背景、目的等因素来综合考量。

股权治理建议：

公司与劳动者之间发生股权激励纠纷后，该股权激励纠纷的性质界定对公司和劳动者双方都具有重要意义。由以上两个案例可知，《股权激励协议》签署的背景及目的尤为重要。

对于公司，在设计股权激励方案时应考虑股权授予的目的和背景，选择合适的时机和背景对员工进行股权激励。企业应将股权激励作为公司留住人才、激励人才的手段，而非用作吸引人才的主要手段。因此，若有其他吸纳人才的方式，则应尽量避免以股权激励作为吸引手段。另外，如果公司在行权期内将限制性股票提前解禁，应对此进行约定，与激励对象签署《承诺函》等。

对于员工，注意用人单位开出的引进人才条件中有无股权激励这一项，如果是出于对股权激励的向往而入职该单位，则应与用人单位明确《股权激励协议》的性质和意义。这样一旦发生纠纷，则能够最大限度地保障自身的权益。

（二）公司是否可以强制转让离职股东已行权的股份

已经行权完毕并正式成为公司股东的激励对象，其离职后的股权转让是个很大的问题，稍有不慎就可能导致纠纷，很多非上市公司设置员工离职强制转让和回购条款，上述约定是否有效？

经典案例

南京某规划院（以下简称"规划院"）于2004年在南京某设计院基础上成立，规划院注册资本为1272万元。彭某某任规划院技术总监，持股比例为1.8%，规划院代为支付出资额。公司《章程》第二十条规定："与公司有正式劳动关系是成为股东的必要条件，和公司终止劳动关系的股东必须转让其股权；公司内部实行"股随岗变"的原则，股东离职必须将其股权转让给公司指定的人员。"2005年2月23日，彭某某向规划院提出辞职申请。2005年4月15日，规划院作出股东会决议，同意将彭某某在规划院的1.8%的出资转让给新任技术总监。规划院将股东会决议内容通知彭某某，要求其于五日内协助办理变更登记，彭某某明确予以拒绝。2005年11月，规划院诉至法院，要求彭某某将其持有的规划院1.8%的股份转让给新任技术总监。

被告彭某某认为：股权是股东合法财产，股东合法财产的处分权只能由股东自己行使，股权非经股东或法定的强制执行程序不能变动。劳动关系消灭并不能产生股权转让的效力。

法院认为：虽然规划院的股东均应受公司章程中"股随岗变"规定的约束，但股东对其所有的股权享有议价权和股权转让方式的决定权，在双方未就该两大事项协商一致的情况下，股权仍应属于原权利人彭某某，法院判决驳回了规划院的诉讼请求。规划院不服，提起上诉。二审判决：驳回上诉，维持原判。

律师点评：

《公司法》赋予了公司意思自治的权利，公司意思自治主要通过公司章程自治来实现。《公司法》第八十四条规定"公司章程对股权转让另有规定的，从其规定"，因此，公司章程关于股权转让的约定属于公司意思自治范围，该约定有效且效力及于所有股东。股东对其持有的公司股权拥有包括处分权在内的全部权利，股东可以与公司或其他股东自由约定股权处分方式和条件，除非属于《民法典》所列举的合同无效情形①，上述约定应认定为合法有效。因此，关于"股东离职必须将股权转让给其他股东"的约定有效，但是公司《章程》未全面约定离职股东股权转让的条件和程序。

本案的争议焦点不是章程约定的效力问题，而是激励对象离职后，其激励股权的归属问题。本案中，公司《章程》仅笼统地规定了"股随岗变"，而对股权的转让价格、期限、具体流程等毫无涉及。因此，该章程约定的内容并未形成一个完整的股权转让合同。即法院虽然确认了规划院《章程》关于"和公司的正式劳动关系是股东的必要条件，和公司终止劳动合同关系

---

① 第一百四十四条："无民事行为能力人实施的民事法律行为无效。"
第一百四十六条："行为人与相对人以虚假的意思表示实施的民事法律行为无效。以虚假的意思表示隐藏的民事法律行为的效力，依照有关法律规定处理。"
第一百五十三条："违反法律、行政法规的强制性规定的民事法律行为无效。但是，该强制性规定不导致该民事法律行为无效的除外。违背公序良俗的民事法律行为无效。"
第一百五十四条："行为人与相对人恶意串通，损害他人合法权益的民事法律行为无效。"

的股东必须转让其出资"的效力,但由于规定得笼统粗糙,故该章程相关约定并不能构成一个完整的股权转让合同,在公司和股东未就股权转让价格和转让方式协商一致的情况下,该股权的强制转让无法实际履行,法院据此判决驳回规划院的诉讼请求。

对于这类案件,各地法院几乎持有相同的态度,即"虽然规划公司的股东均应受公司章程和《股权管理办法》中股随岗变规定的约束,但股东对其所有的股权仍享有议价权和股权转让方式的决定权"。

股权治理建议:

本案产生纠纷的原因在于《章程》在约定股权转让时没有进行规范的合同设计,由此可见,股权激励方案的丝毫缺陷都会导致公司的巨大损失。

在激励对象离职时,难免会涉及员工股权的变动情况。对于激励股权,公司不能单方面剥夺股东的处分权。股东处分权只能依据其签署的公司章程、规章制度和股权转让协议来行使。所以,在设计股权激励方案时,要制定完整的股权转让流程,签署完整的股权转让合同。有了完整的退出机制和股权转让合同后,即使员工离职后不配合进行股权转让,公司或其他股东也可以申请法院强制执行。

企业在设计股权激励方案时,要制定完整可行的退出机制。应当在不违背《劳动法》和《劳动合同法》相关规定的前提下,参照股权激励的行权期限、解锁条件等因素来对激励对象提出相应的限制,如激励对象的服务期限、激励对象的离职原因等。而股权转让合同是股权激励退出机制的重要部分,良好的退出机制一定是以可行的股权转让合同作兜底的,股权转让合同的瑕疵会让整个退出机制失去效力。

(三)分红权激励能否比照适用股权激励

分红权激励也是非上市公司常采用的激励方式之一,与股权激励的长期性特点不同,分红权激励具有短期性。股权激励来自未来股权的增值,分红权就是来自分红，分红就是每年年底的利润奖励。如此看来，分红权激励更接近于企业的年终奖金，那么分红权激励究竟属于劳动报酬性质还是属于股权激励性质呢？

经典案例

在甲公司与甲劳动合同纠纷一案中，2009年3月13日，甲公司向甲出具"华予信公司业务合伙人股权凭证"，内容为"兹有甲公司（以下简称本公司）员工甲先生，因其优异的表现和出众的工作能力，根据公司的考核并经本公司全体股东讨论一致通过，决定赠予甲先生本公司股权3%（调查业务），以资奖励"。该股权凭证注明"本股权凭证只作公司内部分红权证明，不可引作其他用途"。且2010年2月23日，甲公司通过银行转账形式向甲支付2009年度分红24447元。

2010年12月31日，甲向甲公司提出辞职。2011年1月13日，甲签署了离职交接单，最后工作至当日。甲要求甲公司："支付2010年度分红27792.30元及自2011年1月13日起按银行同期贷款利率支付利息。"向上海市徐汇区劳动人事争议仲裁委员会申请仲裁，劳动仲裁委员会对于甲取得公司出具"公司业务合伙人股权凭证"但未办理股权工商注册登记的情形，裁决不属于劳动报酬性质。甲不服该裁决，诉至法院后，一审法院维持了劳动仲裁委员会的裁决。后上诉至二审法院，二审法院认为该"业务合伙人股权凭证"实为一种虚拟的股权激励，该股权激励赋予员工的分红权属于员工薪酬的组成部分，属于劳动争议范畴。

律师点评：

尽管从某种意义上来说，分红权激励可看作广义的股权激励的一种，但分红权激励与限制性股票和股票期权等典型的股权激励有较大差别。首先，与限制性股票等最大的区别是，分红权激励中所谓的股权无须激励对象出资；其次，分红权激励中所谓的股权也不能给激励对象相应的股东决策权，此为第二处差别；最后，分红权激励中所谓的股权无须去工商办理股权授予、转让登记。由此可见，分红权激励中给激励对象带来的仅有分红权，是一种短期性质的激励，故此类分红权不满足股权性质，认定为劳动报酬更为合适。

股权治理建议：

企业选择分红权激励有其优势，也有其弊端。在与员工发生劳动纠纷时，分红权激励将被视为劳动报酬，因此将适用《劳动法》及《劳动合同法》等相关规定，这样对企业更为不利。所以，企业在选择分红权激励方式时，应首先明确分红权激励的性质。

分红权激励的精髓在于"以岗定权，权随岗走"。其优势在于，相较于其他股权激励方式，操作更加灵活，激励力度也更大。发挥分红权激励主要依靠科学的激励方案，笔者就分红权激励方案提出以下几点建议：

1. 分红权激励与特定的激励目标相结合。要结合企业自身特点，还需要结合自身的发展目标、关键的瓶颈和薄弱环节，并在此基础上对激励对象群体的结构特点和激励水平作具体分析，确定分红权激励的范围和重点，切忌生搬硬套网上的方案模板。

2. 分红权激励要与科学的考核体系相结合。如果考核指标的细化和量化程度不够，考核结果便很难做到公平、公正、客观，从而会制约考核结果对激励奖惩的影响力度，导致激励差距难以拉开。因此，采取分红权激励的企业首先要具备科学的考核制度，还要进一步将考核指标量化和细化。在此基础上，将企业考核指标与分红权激励方案相结合，方能最大限度地提高激励的力度。

3. 分红权激励要与现有薪酬体系相结合。这也是分红权激励和其他股权激励手段本质上的差别，分红权激励在法律性质上更接近于企业年终分红，属于劳动法调整的范围。因此，严格来讲分红权激励属于企业整体薪酬激励体系的一部分，其有效的使用必须与企业现有的薪酬体系相结合，进行系统的构划。

（四）股权激励能否作为竞业限制的经济补偿

《劳动合同法》第二十三条第二款规定，"对负有保密义务的劳动者，用人单位可以在劳动合同或者保密协议中与劳动者约定竞业限制条款，并约定在解除或者终止劳动合同后，在竞业限制期限内按月给予劳动者经济补偿"。但是该条并没有规定，经济补偿是否必须以货币的形式支付，实践中普遍认为，竞业限制补偿金是以货币的形式向劳动者发放的。近年来，股权激励作为激励人才的一个工具，被越来越多的企业所使用，大多数企业都会在股权激励协议中约定竞业限制条款，而其中部分企业将股权激励的收益作为竞业限制补偿金的替代，并且约定在劳动者违反竞业限制义务时可以要求返还已经获得的股权激励收益。关于股权激励中的收益是否可以作为竞业限制补偿金的问题尚存在争议，各地法院存在不同的裁判观点。

经典案例 1

刘某某原系天津某公司的员工，离职时任部门总经理，2013 年 8 月 6 日与公司解除关系后，当月即加入与该公司存在竞争关系的 A 公司，担任 A 公司的数字娱乐事业群总裁，天津某公司认为刘某某违反了双方签订的《保密及不竞争协议书》的约定，向法院起诉，请求判决刘某某继续履行双方签订的《保密与不竞争承诺协议书》。刘某某认为天津某公司授予其的期权及限制性股票，性质上属于劳动报酬，系其基于在职期间的劳动而获得的劳动报酬，故天津某公司主张该部分劳动报酬属于竞业限制义务的对价，缺乏事实依据。同时认为其天津某公司未在竞业限制期限内按月向自己足额支付竞业限制补偿金，故有权依法要求解除与公司签订之《保密及不竞争协议书》，并不履行该协议项下的竞业限制义务。

北京市海淀区人民法院认为："本案中，刘某某虽表示其并未入职天津某公司的竞争企业，但未能提供有效反证以推翻生效判决认定的事实，本院对刘某某的主张不予采纳。进而，从竞业限制补偿金的法律属性上看，系用人单位向劳动者支付的因履行竞业限制义务而导致一定程度择业受限的补偿。刘某某于2013年8月自天津某公司离职当月即加入该公司的竞争企业，显然并未履行竞业限制义务，故不具备获得竞业限制补偿金的事实基础。此外，在双方未就《保密与不竞争承诺协议书》产生诉争前，刘某某已获得了限制性股票收益3336264.8港元，而该项收益的性质已经生效判决认定兼具包括竞业限制补偿在内的多种属性，且在数额上远高于竞业限制补偿金的法定标准。故综上，本院认定刘某某所持解除《保密与不竞争承诺协议书》的主张不能成立。虽协议约定的竞业限制义务履行期限现已届满，但刘某某并未举证证明协议约定的保密义务履行期限已届满，故对于天津某公司要求继续履行《保密与不竞争承诺协议书》的请求，本院予以支持。"

经典案例2

高某于2018年8月从F公司离职。双方曾签订《保密与不竞争协议》，约定高某离职后的竞业限制义务，并约定由F公司的母公司G公司于高某离职时发放股票期权若干作为竞业限制经济补偿。后来高某与F公司发生纠纷，高某起诉请求F公司支付竞业限制经济补偿金12万余元。F公司辩称，2018年8月高某支付了预付行权价以保留期权，证明公司通过保留期权的方式给付了竞业限制经济补偿。高某则主张，其与F公司订立过两次劳动合同，每次订立劳动合同时，F公司均承诺由G公司授予其期权若干，分期归属；在其离职时，已经获得21250股期权的归属，具备行权资格，因G公司暂未公开上市，其向F公司支付了该笔期权的预付行权价；该次行权与竞业限制经济补偿无关，作为竞业限制经济补偿的期权，F公司并未令其行权。对于高某行过几次权，F公司表示不清楚。人民法院要求F公司提交双方签订的期权授予相关协议，F公司未予提交。法院经审理认为，高某的陈述符合实践中的一般做法,法院为查清事实,要求F公司提交期权授予相关协议,F公司未予提供,F公司应当承担不提供相关证据的不利后果,认定F公司未支付竞业限制经济补偿。双方约定以G公司股票期权作为竞业限制经济补偿,但是G公司并未公开上市,其股权并不存在一个各方接受的交易价格,高某能否因行权而盈利、盈利能否达到法定的竞业限制补偿最低标准难以确定,并且该股票期权欠缺流动性,这些使得双方的约定相对于劳动合同法的强制性规定,对劳动者较为不利。因此,人民法院认定双方以股票期权作为竞业限制经济补偿的约定无效,应当视为未约定经济补偿。高某按照其离职前月平均收入的30%主张竞业限制补偿金,于法有据,法院予以支持。

法官认为:《劳动合同法》第四十七条将解除或终止劳动合同的经济补偿形式限定在货币形式,而对竞业限制经济补偿的给付并没有严格限定在货币支付。既然法律对竞业限制经济补偿的形式未做禁止性规定,那么以股票、股票期权等非货币形式作为竞业限制经济补偿并非绝对不可。但是,《劳动合同法》是兼具公法性质的社会法,为了保护劳动者的合法权益,限制用人单位的行为界限,该法的很多条文对于用人单位来说都是强制性规定。该法第二十三条第二款明确规定竞业限制补偿需按月给付,目的在于解决劳动者因就业受限而导致的生活困难,为其生存提供持续稳定的经济保障。因此,能否约定以股票、股票期权等作为竞业限制经济补偿,要受该规定的规制。具体判断标准可以是:当相关补偿给付方式的约定较之上述强制性规定对劳动者更为有利时,则没有必要否定其效力;如果该约定较之上述强制性规定显得对劳动者不利,且劳动者亦提出相关诉讼主张时,应当将相关竞业限制经济补偿的约定认定为无效。

律师点评:

股权激励本质上是为了提高劳动者的积极性,以助力劳动者和用人单位的共同发展，而竞业限制经济补偿本质上是为了保护遵守竞业限制义务的劳动者，为其提供基本生活保障，两者从目的上看有着最根本的区别。但用人单位想要将股权激励与竞业限制相捆绑，可能是为了省下一笔额外的经济补偿金，也可能是为了加重劳动者竞业限制义务的对等砝码，把竞业限制义务的违约成本拔高以真正实现约束劳动者并维护本单位利益的目的。从以上两个案例可以看出法院一定程度的裁量标准。

案例1，法院均从尊重双方当事人意思自治的角度，认可了将股权激励作为竞业限制义务对价的约定，同时，也认可了竞业限制的经济补偿可以非金钱的方式发放，以及在此种情形下发放的时间点可以在员工任职期间，而并非解除劳动关系之后。作为掌握公司重要商业秘密或者技术秘密的员工，竞业限制义务是他们享受股权激励的重要义务，而劳动者在无视该义务的情况下，为平衡公司的利益，法院最终支持了公司要求其返还限制性股票权益的主张。

案例2，用人单位授予的股票期权或者限制性股票所带来的效益具有不确定性，相比之金钱的形式，以非金钱形式的股权来作为竞业限制义务的对价不利于对劳动者权益的保护。所以，考虑到股权收益不确定甚至不能随时兑现，这样无法为劳动者解决因竞业限制造成的就业受限而可能带来的生活困难，也无法为其生活提供持续的经济保障，对这种不稳定状态予以矫正，对劳动者予以倾斜保护。

如果企业与激励对象约定将股权激励作为竞业限制义务的对价，并且将违约责任约定为激励对象向企业返还股权激励产生的收益，基于对以上典型案例的分析，就前述约定以及支持企业的返还请求是否会得到支持，关键之一在于具体授予的股权激励是否能够实现对劳动者履行竞业禁止义务的经济保障，就此需考虑若干因素：首先，需考量授予股权的类型以及兑现条件，如果是股票期权，具体的行权条件是什么，是否具有经济收益；如果是限制性股票，其解禁条件是什么，禁售期何时届满等，最终落脚点还是在于激励对象能否对获授的股权进行实际控制并且随时兑现进而实现经济保障。

根据《最高人民法院关于审理劳动争议案件适用法律问题的解释（一）》第三十八条的规定："当事人在劳动合同或者保密协议中约定了竞业限制和经济补偿，劳动合同解除或者终止后，因用人单位的原因导致三个月未支付经济补偿，劳动者请求解除竞业限制约定的，人民法院应予支持。"该规定赋予了劳动者在用人单位超过3个月未支付经济补偿情况下的竞业限制义务解除权，也就是说，当劳动者根本无法实际控制其享有的激励股权，其完全有可能在连续3个月甚至更长时间内无法将获授股权兑现用于保障其基本生活，这不利于对劳动者权益的保护，在此种情况下，该类约定可能会被作出否定性评价。但是如果劳动者已经通过行权获得股票期权或者其被授予的限制性股票也已经实际过户并解除禁售的，也即劳动者在离职后可以完全自行掌控授予的激励股权，并且劳动者可以随时兑现，也即在股票市场可以随时套现，同时满足该等前提，这种情况下，被支持的可能性将相应提升。其次，还需考量授予股权的变现价值，因为司法解释对竞业限制的经济补偿规定了相应的标准，如果变现价值远低于法定标准的，那该类约定可能也会被予以否定性评价。

股权治理建议：

关于股权激励中的收益是否可以作为竞业限制补偿金的问题，建议用人单位在约定竞业限制条款时，还可以同时约定分红作为竞业限制补偿金。

鉴于法院持支持态度的情况（劳动者在离职后完全掌控激励股权并可以随时将其兑现）对于企业来说较为苛刻，企业在考量竞业限制经济补偿金形式时，需结合股权激励的具体情况予以综合考量，在此基础上决定最终采用经济补偿系股权激励抑或货币抑或相关补偿的结合。考虑到，法院一旦对该类约定作出否定性评价，通常也会连带认定用人单位没有约定经济补偿，如果劳动者已经履行了竞业限制义务,而按照司法解释规定的标准判决用人单位向劳动者支付,将导致用人单位产生额外的经济成本。就此,用人单位如何将股权激励和经济补偿标准合法有效地结合需审慎考量,需和劳动者在法定范围内约定一个合适的经济补偿标准,避免出现发生争议后得不偿失的情况。

同时,根据《劳动合同法》第二十三条第二款规定,劳动者违反竞业限制约定的,应当按照约定向用人单位支付违约金。在竞业限制条款不因经济补偿金形式受到影响而有效的前提下,用人单位还可以通过向劳动者主张违约金的方式寻求救济,以弥补损失。

(五)如何处理来自非用人单位的股权激励争议

股权激励中,激励者是员工的直接用人单位,属于常见做法。但在实践中,来自非用人单位的股权激励情况也并不少见,这些激励者往往是与用人单位有"关联"的公司。那么,当此类股权激励产生争议时,法院又是如何认定该股权激励的性质?谁才是涉诉案件的适格主体?

经典案例1

2011年年初,刘某加入M公司,2011年8月1日M公司授予刘某35000股B公司(M公司注册于开曼群岛的公司)期权。2013年8月,刘某离职,接到公司有关其行权情况的邮件,刘某对公司通知的行权情况存有异议,离职后与公司沟通行权事项,但并未达成一致,故刘某向法院起诉。刘某首先向法院提起股权诉讼,但法院以"属于劳动争议"未受理,后刘某向仲裁机构申请仲裁,但又被仲裁以不属于受理范围作出不予受理的决定。后刘某以劳动争议纠纷为由向法院起诉了用人单位M公司,但一审法院认定期权授予主体为海外公司B公司,裁定驳回。刘某继续上诉,最终二审法院认定给付期权与劳动关系存在关联,又发回重审。发回重审后,关于本案中的几个争议焦点,法院作出了如下认定。

法院认为：本院考虑到以下因素进行认定：1. 从授予行为上看，B公司授予刘某股票期权，是为了激励刘某更好地为M公司工作，使得M公司取得良好的经营业绩，从而促进B公司获取更好的收益。这体现出授予行为是基于刘某的劳动者身份及其提供的劳动成果的考量，是出于激励劳动者为用人单位创造经营效益的目的。在被授予人员的筛选、股数的确立等与劳动关系密切相关的因素，如无用人单位的意志参与，授予行为显然不可能实现。2. 从行权收益的性质上看，授予通知中约定的行权价低于公司通知刘某行权时参照的价格，如刘某符合行权条件，其可基于差价而以法定货币形式获得收益。刘某并未为B公司提供劳动，其获得该等收益是其向M公司提供劳动所得，这体现出劳动者通过提供劳动而获取附条件福利待遇的劳动关系特征。3. 从权益实现条件上看，依据授予通知载明内容可见，刘某的工作年限、休假时长、每周提供劳动的时间、终止提供劳动等因素，均会对其股票期权的权益实现造成影响，这体现出用人单位对劳动者进行管理与激励的劳动关系典型特征。综上可见，B公司与刘某签订的股票期权授予通知，是用人单位藉以关联公司对劳动者实施的激励方式，从而达到对劳动者进行管理、约束与激励的目的，而劳动关系的建立、履行与解除，对刘某股票期权权益的实现发挥着决定性作用，故上述股票期权授予通知明显不同于平等民事主体之间订立的合同。因而，在相关条款的解释、权利义务的平衡方面，必须考虑劳动关系双方在缔约时的地位及谈判能力的不对等性，而这正是劳动争议类案件的典型特征。

关于案件适格主体问题：本院经审查认为，首先，B公司通过股权控制方式及协议控制方式，与M公司建立了关联关系。刘某并未为B公司提供劳动，该公司之所以授予刘某股票期权，系建立在刘某与M公司存在劳动关系的基础之上。本案中，刘某与M公司、B公司之间有关股票期权的争议系基于劳动关系产生，刘某以M公司与B公司作为共同被告，符合《中华人民共和国民事诉讼法》相关规定。因M公司住所地位于中华人民共和国北京市海淀区，因此，海淀区人民法院对本案有管辖权。其次，B公司据以主张与刘某存在约定管辖的《B公司-2011年股权激励计划-股票期权授予协议》，并未载有刘某的签字，故无法认定双方间就股票期权事宜存在约定管辖。且该协议选择的管辖地区并不符合《最高人民法院关于适用〈中华人民共和国民事诉讼法〉的解释》第五百三十一条的规定，与本案没有关联性。最后，本案涉及中华人民共和国公民刘某、法人M公司的利益，相关案件事实发生在中华人民共和国境内，若案件由其他地区法院审理，则不利于刘某参加诉讼及有效保护刘某的利益。而且上述股票期权的条件成熟及通知行权阶段亦均发生在中华人民共和国境内，由中华人民共和国境内的人民法院管辖审理更加方便。故，本案并不适用《最高人民法院关于适用〈中华人民共和国民事诉讼法〉的解释》第五百三十二条的规定。B公司主张北京市海淀区人民法院对本案无管辖权的上诉理由于法无据，本院不予支持，其上诉请求应予驳回。

经典案例2

付某系甲公司员工，在劳动关系存续期间，付某与甲公司的境外公司乙公司签订相关协议，被授予乙公司股票期权70800股。2009年，乙公司颁布集团商业行为准则，准则规定乙公司及其他集团、子公司在职人员不得存在利益冲突行为，违反规定的将被解雇，付某通过邮件点击阅读完成学习认证。付某在职期间与乙公司签订了多份股权激励计划，股权激励计划中约定发生违反职业操守、对公司利益有重大不利的行为等特定事由的，所有未行使之"期权"，不论是否已归属，均应当自此等终止之日起被撤销，且对于该"参加人"因行使"期权"而购买的所有"股票"，"公司"有权以该类"股票"的原始购买价格回购。任何被撤销期权之股票以及根据本计划规定以原始购买价格回购的任何股票，应当回归本计划。

2011年，公司发现付某与公司供应商存在不正当利益往来，付某发送邮件承认错误，后公司依据集团准则解除了与付某的劳动关系。付某离职后起诉至法院，要求甲、乙公司交付其在乙公司享有的35400股股票证书并办理相关登记手续。

法院认为：一、当事人就股票期权授予合同建立的法律关系。股票期权激励制度是一种现代公司治理制度。在实行股票期权激励制度的公司，公司与员工之间通过签订相关协议，由公司授予员工在将来一定期限内以预先确定的价格和条件价格购买公司股权的资格作为财产性激励，旨在促使公司、员工之间建立以拥有业绩收益分享权为基础的激励机制，将被激励对象的利益与公司的效益相挂钩，组成利益共同体，促使被激励对象如同对待自己利益一样对待公司利益，从而为公司贡献个人最大价值。具体到本案而言，付某任职的甲公司属于B集团公司旗下公司，B集团公司对关联公司的员工进行股票期权激励，与通常意义上的股票期权激励相比，只存在主体关联性方面的差异，虽然构建模式不同，但核心目标和性质仍相同。

首先，股票期权涉及的财产性收益并非员工的工资、奖金、福利等劳动报酬。付某作为员工，通过提供劳动从用人单位甲公司已获得劳动报酬。B集团公司为换取付某对甲公司和B集团公司的积极性和忠诚度，对付某进行股票期权激励，是在付某履行正常劳动义务之外负担上述义务给予的合同对价。股票期权带来的财产性收益不属于劳动报酬。

其次，股票期权授予合同中双方构建的权利义务不属于劳动合同中的权利义务。虽然B集团公司向付某提供股票期权激励的原因在于付某与旗下甲公司存在劳动关系，从股票期权激励构建模式角度，B集团公司取代了甲公司的用人单位地位，但B集团公司和付某双方在股票期权激励中设定的权利义务，不是用人单位或者关联公司在劳动法上的法定权利义务，也非劳动者争取劳动机会、行使劳动权利中设定的权利义务，不属于劳动合同中的权利义务。

最后，双方就股票期权激励所签订的股票期权授予合同应属平等主体之间的普通商事合同。第一，付某与B集团公司关联企业的劳动关系，是B集团公司作为要约发出者对要约对象的选择条件，这种对要约对象的限制，并不当然导致签约双方合同地位不对等。第二，从合同的签订及履行过程看，付某既可以对授予的股票期权选择接受或者不接受，在接受之后行权截止日前还可以选择购买或者不购买，付某作为受要约人作出意思表示并未受到与身份有关的限制。第三，从合同约定的权利义务内容看，B集团公司以优惠的价格授予股票给予付某财产性激励，付某向B集团公司及其任职公司履行忠诚义务，是股票期权激励中的双方权利义务的核心内容，是对等的。

综上，付某和B集团公司之间通过《B集团公司2005年股份激励计划》《B集团公司2005年股份激励计划授予通知》《B集团公司2007年股份激励计划》《B集团公司2007年股份激励计划授予通知》，分别订立了三份股票期权授予合同。这些合同属于平等民事主体之间设立、变更、终止民事权利义务关系的协议。由此产生的纠纷属于合同纠纷，应适用调整平等民事主体之间合同关系的法律法规。故，本院根据合同性质以及双方争议的内容，确定本案案由为合同纠纷。

另外，虽然在股票期权授予合同的签订和履行过程中，甲公司予以执行或协助，但均以B集团公司的名义作出，相关合同内容也明确了B集团公司的合同主体地位，故甲公司并非股票期权授予合同的当事人，因此付某向甲公司主张合同权利，缺乏合同依据，不能得到支持。

律师点评：

股权激励纠纷案件中，股权激励协议主体与劳动关系主体不一致的情况比较常见，涉案各方往往对案件的法律关系、适格主体等存在较大争议。以上两个案例，从激励方式来看十分相似，都是授予员工用人单位在境外的关联主体的股票期权,也就是股权激励的激励者是非用人单位。但查看两个案件的裁判观点可知,两个法院对案件的法律性质以及主体资格均作出了不同的认定。

1. 法律关系的确认:在股权激励协议主体与劳动关系主体一致的情况下,实践中对于股权激励争议系何种类型的纠纷仍存在较大争议。在激励者非用人单位的股权激励纠纷案件中,劳动合同关系和股权激励授予协议关系的分离更是让案件法律性质的认定难上加难,没有统一客观的认定标准。判断此种案件情况的法律性质,必须结合实际签订的股权激励协议的背景、目的、具体内容等,并结合涉诉法院的裁判口径进行分析。

如案例1,该地法院首先认为股票期权本身是可以作为劳动关系下员工获得的福利待遇,而涉案股权激励协议的约定体现了用人单位借用关联公司对员工进行激励,实现对员工的管理、约束和激励的目的,该份协议并未体现协议双方的对等性,符合的是劳动关系的典型特征。而案例2中的法院,首先认为股票期权涉及的财产性收益并非员工的工资、奖金、福利等劳动报酬。再从股权激励协议的内容及签订过程分析,认定员工与关联公司在协议中的权利义务是对等的,因而该协议属于平等主体之间签订的民商事合同,该案的法律性质属于合同纠纷。

2. 涉案主体资格确认:在激励者非用人单位的股权激励纠纷案件中,涉案主体的选择也存在较大困难,尤其是在员工起诉的案件中。若员工仅选择用人单位作为被告,往往会被法院以用人单位非股权激励协议的主体为由驳回上述。涉案主体的选择,也与本案法律关系的确认有关,需要起诉方根据自身的实际情况进行诉讼策略的选择。

案例1中,员工将用人单位和关联公司即激励协议主体(非用人单位)列为共同被告,关联公司在诉讼过程中提出了管辖异议,但法院最终认定关联公司是本案适格主体,原因在于法院认定关联公司授予员工股票是建立在员工与用人单位的劳动关系基础之上，而本案中的有关股票期权的争议系基于劳动关系所产生，故将用人单位与关联公司列为本案共同被告符合法律规定。案例2则是在法院认定该案系合同纠纷的基础上，根据合同相对性原则，即用人单位并非激励协议的主体，认定员工无权向用人单位主张权利，用人单位不是本案的适格被告。

股权治理建议：

企业选择自身以外的关联公司主体对员工进行股权激励的，需要充分了解该种激励模式的利弊，从而根据实际情况制定出最符合公司利益的股权激励制度。

从以上两个案例可以看出，此种激励模式下，当员工作为起诉方时，主张权利的难度要远高于被告。劳动关系主体与股权激励协议主体关系相分离的特点，导致员工起诉时首先就要面临涉诉案件法律关系和主体的选择。其次，员工与用人单位之间存在劳动关系，并不必然证明用人单位需对员工的股权激励协议承担给付或者其他义务。如果员工选择用人单位作为案件被告，还需要进一步举证证明用人单位有承担股权激励权益的约定，并证明已符合股权激励权益的兑现条件。最后，如果案件性质被认定为合同纠纷，用人单位利用境外公司作为股权激励者的，案件往往还会面临管辖问题。当员工发起此种模式下的股权激励争议诉讼的，企业占据有利局面的概率较高。

对于企业方而言，前述诉讼障碍并非只有员工会遭遇，企业也有可能成为该种激励模式下的诉讼发起方，从而遭遇同样的起诉难题。实践中，用人单位通过关联公司对员工进行股票激励，通常会设定员工需遵守竞业限制义务、劳动关系存续等条件，当员工违反前述条件时，员工获得的股票期权应当返还或取消。在员工违反相应限制条件时，企业需要通过诉讼方式维权，则此时诉讼主体、法律关系、管辖选择等方面就变成了企业需要考虑的问题。若股权激励协议约定不明确，将导致企业在诉讼中处于不利地位。

因此，企业在利用非用人单位对员工进行股权激励时，需要结合自身实际情况，通过对授予主体、责任承担主体、股权激励性质、争议管辖等约定的明确，不断完善自身的股权激励制度，在吸引人才的同时把股权激励实施的风险降到最低，以谋取企业利益的最大化。

三、后语

在股权激励越发普及的今天，有关非上市公司股权激励的争议纠纷甚嚣尘上。减少股权激励纠纷，最重要的是事前预防，即构建公司股权激励防火墙。只有适合企业自身的股权激励方案才能促进企业的发展，实现企业的激励目的，同时保障激励对象的合法权益。企业的股权激励防火墙建设得不好势必会引发"火灾"，这时就要第一时间"救火"，即积极处理股权争议。本文认为，因股权激励涉及激励对象双重身份的问题，在处理股权激励纠纷时，关键是要厘清法律性关系、认定争议性质，即厘清激励对象与公司之间的劳动合同关系，以及激励对象与公司之间的股权关系、区分股权性质抑或劳动报酬性质。

鉴于我国非上市公司股权激励相关法律制度还尚不完善，本文建议广大公司尤其是初创企业，在选定合适的股权激励类型后，对具体方案进行精细化设计，对于不同情况下股权处置的约定宜早不宜迟，宜细不宜粗。对股权激励方案的约定越细致，则执行性越强。最好的办法是在律师的指导下，在约定中穷尽所有面临股权变动的情况，区分员工被动离职、主动离职、意外身故等各种情况，设定好详细的执行方案，这才能确保公司激励目的得以正确地实现。

附件二

股权融资常见争议及解决研究报告

目录

一、对投资人的"反向尽调"

二、创始人之间的股权安排

三、投资人的股权安排

四、创业公司的期权安排

五、能否要求投资机构在尽调之前支付意向金？

六、投资机构要求企业承担尽调中介费用怎么办？

七、投资机构认购新股时的实缴出资期限如何设置？

八、是否接受投资机构的对赌要求？

九、如何理解投资机构要求的反稀释权？

十、如何设置对赌失败的违约责任？

十一、是否用个人财产向投资机构提供担保？

十二、关于融资中介的居间费提成比例

十三、投资机构要求投入资金不能挪作其他用途

十四、能否接受投资机构要求的一票否决权？

十五、能否接受投资机构要求的领售权？

十六、能否答应投资机构要求关键人员不得离职？

十七、回购条款的设置

十八、约束回购的条件

十九、如何应对投资人的控制性条款？

二十、如何应对"领售权"及"跟售权"条款？

一、对投资人的"反向尽调"

投融资业务中，不仅投资人要对项目公司尽调，公司也应对投资人"反向尽调"，多了解投资人的背景。选择投资人其实是在选择长期作战的战友，一旦他进入你的公司，除非他愿意主动离开，或是你另起炉灶，否则你是难以摆脱他的。因此，找到合适的投资人是十分重要的。

有些投资人属于只出钱，不会插手公司经营的，能够给到创始人充分的自由度和控制权；有些投资人属于不仅出钱还愿意"出力"，要求董事席位、一票否决权等，看似会一定程度影响到创始人的经营管理权，但若其为具有成熟团队、资源丰富的投资人，通常也能够给到公司一定的赋能。因此，找什么样的投资人也需要综合考虑多方面的因素，考虑估值是否合理，考虑投资人的资金实力与资源能力，考虑创始团队和投资人团队的风格适应性，考虑公司的经营发展阶段等。尤其要关心投资人的资金实力、资源能力、投资案例和业内口碑，切不可盲目寻找投资人。

同时，在早期融资中建议不要引入过多数量的投资人。曾见到有企业在B轮融资的时候投资人数量就多达二十余家，在遇上新一轮融资、工商变更等需要股东集体决策事项时，办事效率大大降低，光是股东签署文件可能就需要耗费一两个月的时间。同时，投资人过多的情况，相互之间的利益协调也会比较复杂，董事会席位、一票否决权、领售权等特殊权利的争夺，以及表决权分散导致决策的不确定性等问题也会愈加凸显。如果不可避免地需要有多个投资人，建议事先确定好领投方，由领投方代表投资人进行谈判，提升融资效率。

二、创始人之间的股权安排

如公司仅有一名创始人，则无内部安排之必要，但现实生活中，往往是多个创始人基于共同的理念或是想法，聚在一起开办公司，中国有句老话"亲兄弟，明算账"，不管关系多么融洽，在公司创立之初，股权结构必须作出一个清晰明确的规定，在做内部股权安排时，我们可以主要考虑如下几点因素：

1. 股东对公司长久持股意愿：希望尽快变现的和长久经营公司的持股比例差异比较大；股东全职工作和兼职工作的持股比例也要有所区分；

2. 股东可以为公司带来的资源：如客户或融资等；

3. 股东投入的资金：对于现在的初创公司，可能更多集中在技术密集型、脑力劳动密集型等现代新型行业，公司的发展并非完全依赖于资金大小，因此不可简单地按照出资金额确定股权比例，可以利用章程做些制度上的安排。

4. 股东个人的专业能力：技术、管理、市场，每一部分对公司业务的影响力大小，另外，对于技术出资，尽量避免分配"干股"，根据公司法规定，可以对其技术成果进行评估作价出资，以免发生分歧。

当然，以上因素并不绝对，现实中合作模式亦多种多样，创始人需根据企业特定情况去做特定安排，不过提醒一点，对于创业者之间，建议由一人作为核心人员，其持股要明显多于其他人，在公司拥有更多的话语权，当然前提是各创业者均心甘情愿，相对的，该核心人员的投入也要多于他人，毕竟在中国特定的文化和运作模式下，有一个核心主要的人往往是很能够提高早期公司的运作效率的。

在上述考虑因素之下，创始人之间需要签订合伙协议，以明确各方权利义务，在协议中，还应对股权预留和调整、后续加盟合伙人（股东）、员工激励、成熟期、合伙人（股东）离职、离职股东成熟和未成熟的股权的回收等重要条款做出安排。

三、投资人的股权安排

在介绍投资人股权安排之前，我们首先要介绍估值这个概念。创业公司进行融资时，公司股权的价值往往无法衡量，那么就需要投资人和创始人对创业公司的股权进行估值。很多时候，我们发现，初创企业的估值一般是创始人和投资人拍脑袋拍的，比较主观，但即便是拍脑袋，通常也会参考估值方法拍个数字出来，然后进行双方谈判。下面我们介绍几种估值方法：

1. 公司净利润估值法（PE估值法）：该方法较为常见，一般按照当前市值/公司当前年度预计利润计算得出，一般10—20倍；公司估值＝预测市盈率×公司未来12个月利润。不过对于初创企业，很可能没有盈利，无法通过市盈率进行估算，此时可以通过市销率，即根据销售收入作为基数估算。另外对于电商平台企业，我们可以参考网站平台销售金额，即GMV来进行估值。

2. 可比公司法：以同行业可比或可参照的非上市公司或上市公司为参考，以同类公司的估价与财务数据为依据，计算出主要财务比率，用这些比率作为市场价格乘数来推算出目标公司的估值，如市盈率、市销率等。

3. 可比交易法：以近期被投资、并购的行业公司定价为参考，获取财务或非财务数据，得出合适的计算依据。

4. 现金流折现法：该方法比较适合成熟、偏后期的公司，创业企业发展到后期可采用的方法。

5. 资产法：通常是以公司发展所需要的资金为基础。

通过估值，从而确定投资人投资的金额以及对应的持股比例，此时，创始人应当对投资人的股权审慎安排，当然，对于初创型企业，大多没有话语权，通常是投资人说什么，我们就听什么，但应对以下几个方面做出考虑：

1. 首轮融资比例最好不要超过20%，释放的股权不至于影响创始人的实际控制，并为后续的融资留出后路。

2. 尽量引入多名投资人，将权利分散出去，使创始人仍保持大股东身份，实现对公司的控制权；

3. 对于投资人的特殊要求谨慎考虑，如投资人一票否决权的设定，尽量缩小一票否决事项的范围。

此外，一些发展势头迅猛的创业公司，其在融资过程中拥有相当大的话语权，投资人通常会将大量权利交由创始人，换言之，创始人应用心经营公司，当公司发展良好，也会增加自己谈判的筹码和底气。

四、创业公司的期权安排

公司的期权安排与融资无关，但通常投资人在投资时会要求创始人设立期权池，以进行员工激励，促进公司发展。因此，最好设立之初，就设立期权池，以免后续融资时稀释创始人的股权。

股票期权是公司授予员工的一种权利，使得员工可以在未来用被授予时的价格购买公司的股票。在公司授予股票期权时，会告知期权授予日、行权价格、授予的股票数额及有效期限等信息。

因此，期权并非直接给予股权，而是一种期待权利，授予对象在被授予股票期权时不需要付钱，期权在发放后并非立即就可以行使，而是有一个成为既得的过程；根据员工入职的具体情况，成为既得的时间表可能不同，一般是4年（如本次规定是授予后满1年25%成为既得，满两年后25%成为既得，满三年后25%成为既得，满四年后25%成为既得），成为既得后，员工才可以行权，即用行权价格购买并真正拥有公司股票，其投资收益来自行权后出让股票的价格与授予通知书中指出的行权价格的差额。一般而言，在公司工作的时间越长，对公司的贡献越大，得到的期权就越多。另外，在此期间，如授予对象发生离职，则离职时没成为既得的自动终止，只有成为既得的部分才有行权的可能。

五、能否要求投资机构在尽调之前支付意向金？

因为投资机构手上有很多项目，有时候他们对企业尽调流于形式，并不见得真正对企业有投资诚意，经常尽调以后没有了下文。如果企业敞开怀抱欢迎尽调但不设置条件，这样的尽调往往没有效果。融资企业应当注意防范尽调过程中技术秘密和商业秘密的泄露风险。对投资机构提供各种企业内部信息和商业机密，对企业而言本身也是很大的成本。因此，建议尽可能争取让投资机构在尽调之前支付意向金，金额 50 万元或 10 万元都可以，这是识别投资机构是否认真对待本企业的重要手段。

六、投资机构要求企业承担尽调中介费用怎么办？

实践中经常碰到投资机构要求企业承担中介费用的情况，但是尽调完成之后投资机构的投资决策和资金久拖不决，企业白白承担了中介费用。而且有些品行不良的投资机构是利用企业支付的中介费用赚钱，投资意向只是一个幌子，骗取企业的中介费用。因此，建议企业拒绝承担尽调中介费用，因为这原本就是投资机构应当承担的成本。

七、投资机构认购新股时的实缴出资期限如何设置？

实践中有些投资机构在取得企业股权之后迟迟不能完成全部投资款的实缴，没完成实缴却已经享有了股东权利，给被投资企业造成非常不利的局面。因此，建议企业在磋商投资协议条款时要求投资款尽早实缴，实缴期限不能太长；不能一次性支付完成的，在标的股权过户登记之前必须要求投资款至少到位二分之一。

八、是否接受投资机构的对赌要求？

对赌条款其实是违背了投资有风险的商业逻辑，但在目前的国内 PE 投资行业内已成惯例，企业想要拒绝投资机构提出的对赌条款变得非常困难。在不得不接受对赌要求的情况下，企业家能够争取的就是选择什么样的对赌触发条件。

对赌触发条件一般而言有三种：企业上市、财务指标、规模扩张。三种触发条件之中，规模扩张相对比较容易实现，财务指标次之，上市目标难度最大。

九、如何理解投资机构要求的反稀释权？

反稀释权并不意味着企业家有义务始终维持投资机构的持股比例不变，因为一旦有后续投资进入必然会导致在前股东的持股比例被稀释，企业家也不可能为了让其持股比例不变而向其赠送股权。反稀释权的真实意思是在引入后续投资时，让在前的投资机构有权按照同等投资价格认购一定数量的增发股权以维持自己的持股比例不变。

十、如何设置对赌失败的违约责任？

对赌失败的违约责任条款就是约定创始股东对投资机构进行补偿。补偿方式主要有两种：补偿现金、补偿股权。选择补偿现金让企业家可以保住公司股权，前提是企业家有一定的现金偿付能力，分期付款方式有协商余地。选择补偿股权则要考虑股权比例的下降应确保企业家自己的控股地位。因此，创始股东在融资前应做好保障控制权的股权架构设计，以降低后续发生控制权纠纷的风险。

十一、是否用个人财产向投资机构提供担保？

股权投资本身就是一项存在投资亏损风险的投资行为，并且亏损风险往往大于盈利的可能性，所以回归股权投资的风险属性，投资机构承担一定的投资风险亦属合理。投资机构可以设置对赌条款要求企业家承担补偿责任，但是让企业家用个人和家庭房产提供抵押担保则显然是苛刻的要求，自己不愿意承担一丁点的投资风险。因此，建议企业家拒绝用个人财产进行抵押担保。如果投资机构不肯放弃这种要求，说明其没有真正看好企业的前景。

十二、关于融资中介的居间费提成比例

在融资实务中，企业向中介服务方支付居间费或财务顾问费是一种惯例，融资各方一般均认同这个费用支出的必要性和合理性。问题在于居间费的数额应当在一个合适的提成比例，如融资额的3%—5%是市场接受度比较高的居间费比例。如果企业承担的居间费过高，就会对企业发展造成非常严重的负担。因为企业融资以后对出资方都是有责任的，债务融资应当承担还本付息责任，股权融资应当对投资方兑现股权增值的预期。一旦履行责任不能，就会引发一连串的纠纷诉讼和责任追究，很可能对企业造成致命的打击，更有甚者还可能构成刑事犯罪。曾经新三板挂牌市场最火的时候，有些企业跟所谓的投资中介串通以新三板挂牌为幌子吸收了大量个人投资者的资金，而支付给中介方高达45%的融资费用，严重违背了商业合理性，最后暴雷被追究非法集资的刑事责任，落得非法吸收公众存款罪、擅自发行公司股票罪的结局。

十三、投资机构要求投入资金不能挪作其他用途

对于投资机构的这项要求，企业融资方应当给予充分的理解和认可。投资机构投入资金是希望企业去加强研发、扩张规模，提高企业的经营业绩。如果企业将投资资金用于非必要开支或胡乱花钱不能产生效益，那肯定不符合投资机构的期待。例如，大幅提高员工的薪酬福利、购买价不符实的产品和服务，这些都是投资方非常忌讳并且担心的资金用途。因此，建议企业应当本着对投资方负责的原则审慎高效地使用投资款。

十四、能否接受投资机构要求的一票否决权？

在投资金额较大或投资股比较大的投资项目中，投资机构往往会要求在企业董事会中委派自己的董事并且拥有董事会的一票否决权，其目的是防止企业的重大经营决策过于偏离己方的意见，必要时有权否决对投资方利益存在重大损害风险的决策事项。有些企业家会对这一要求比较排斥，认为这样有损自己对于企业发展的控制力。但在实际操作中，投资机构对于行使一票否决权一般是非常谨慎的，不会过多干涉企业家的自主经营。当出现董事意

见相左时也能通过沟通协商的方式予以解决，所以建议企业家不用对此过于敏感。

但是如果投资方想在股东会中设置一票否决权，那企业家应当持截然不同的态度去看待这个要求。因为股东会是公司的最高决策机构，所有公司法规定的重大决策事项都需要股东会审议通过才能实施，股东会对于控股股东而言是极其重要的掌控工具，一旦允许投资机构作为小股东拥有一票否决权，那么将来如果出现分歧或纠纷之时，势必导致控股股东无法执行自己的决策意志，形成公司僵局，企业家应当防患于未然。

十五、能否接受投资机构要求的领售权？

领售权是投资协议中较为重要的条款之一，企业创始人应着重关注，以免轻易被淘汰出局。当年某投资公司利用领售权条款将创始人张某踢出"俏江南"便为一则典型案例。在对赌条款中如果创始人对赌失败需要支付补偿给投资机构，如果创始人没有偿付能力，投资机构有权强制创始人持有的股权与自己持有的股权一同出售给第三方，且创始人必须接受投资方与第三方确定的出售价格，创始人被强制出售的股权无上限直至向投资方付清全部的补偿金额。在此过程中，企业的估值存在被恶意低估的风险，最终导致创始人的股权被彻底地剥夺。

十六、能否答应投资机构要求关键人员不得离职？

为了保障企业发展稳定，投资机构时常会要求被投资企业的管理团队维持稳定，骨干人员在服务期内不得离职。对此，建议创始股东只能承诺自己不会离开公司，不要盲目承诺其他管理骨干也不会离职，因为这不是创始股东能够完全控制的事情。万一有人铁了心要离开公司，创始股东所做的承诺就会构成违约必须向投资方承担违约赔偿责任，因此创始股东应当避免这种憋屈的情况发生。

十七、回购条款的设置

"回购条款" =触发+价款+行使条件

1. 回购条款中,触发回购的情形是首要注意的问题。在投资框架协议里,双方对于回购一般只是通过三言两语描述投资者有权回购即可。但在正式投资协议中,需要明确界定哪些属于触发回购的情形。触发回购多为公司未能成功上市,双方关系难以持续,感情的小船说翻就翻的情形,所以投资者要求创始股东把其所持有的股权全部买走。触发回购的情形,上述所列举的并非"标配",具体由创始股东与投资者双方协商而定。包括"对公司产生重大不利影响"如何定义,也是需要在条款中进行解释的。由此,关联到投资协议谈判的一个重要原则——必须确认模糊概念下的具体内涵。

2. 回购条款中另一个关注点是,股权回购价款的计算方式。常规为投资者出资款加上每年按照一定比率计算的回报,同时可以要求扣除每年已获得分配的分红或股息,具体如下:

股权回购价款 = 投资者出资款×(1+10%×N)+投资者在其持有公司股权期间对公司每一会计年度的净利润所享有的份额之和 – 投资者在其持有公司股权期间已获得的股利

上述公式中:

● 投资者出资款:应包括投资者向公司实际缴付的全部投资者出资款(无论其计入注册资本、资本公积金还是其他财务科目);

● N:自投资者向公司缴付投资者出资款之日起至创始股东向投资者支付上述股权回购价款之日止的天数/365;

● 投资者在其持有公司股权期间对公司每一会计年度的净利润所享有的份额:等于投资者在其持有公司股权期间的每一会计年度经投资者认可的会计师审计的净利润(包括非经常性损益)×投资者持有公司的出资(股权)比例。投资者行使回购权当年的1月1日至投资者发出回购通知当日视为一会计年度。若投资者在其持有公司股权期间对公司每一会计年度的净利润所享有的份额之和小于0，则投资者在其持有公司股权期间对公司每一会计年度的净利润所享有的份额之和按0计算。

• 投资者在其持股期间已获得的股利：指自投资者获得标的股权之日起至创始股东向投资者支付完全部股权回购价款之日，公司已向投资者实际支付的股利。

同样的，回购价款的计算公式没有标准答案，需根据创始股东与投资者的最终谈判结果据实调整。

3. 触发回购的情形出现，并不等于创始人或公司履行回购义务的条件成就。实践中，投资人行使股权回购权时会存在先后两个法律行为：

• 投资人选择行使股权回购权，以激活股权转让的法律关系；

• 投资人请求回购义务人（协议约定的创始股东或公司）支付回购款。

在第一个法律行为中，若触发回购情形出现，投资人可单方选择与回购义务人产生新的股权转让法律关系，不需要回购义务人的同意，法律术语称之为"形成权"。

而第二个法律行为是在前述新的股权转让法律关系基础上才发生，我们通常称为"债权请求权"。因此，投资人选择行使股权回购系形成权，而因之产生的股权回购款给付请求权系债权请求权。实务中，投资人通常以回购通知的形式同时作出上述两个法律行为，使人很难通过表面形式对二者加以区分，实际上，回购权是建立在两个法律行为之上的权利。

看到这里你可能会觉得很绕，这个性质界定有什么实务意义呢？事实上，这对创始股东应如何设计条款以降低回购风险，有着极大的启发意义。它实际引申出两个问题：

• 投资人选择行使股权回购权是否有时间限制？

• 投资人主张支付股权回购款是否有时间限制？

如果我们在投资协议中对上述涉及的不确定时间予以明确，那么将成为约束投资人行使回购权的限制性条件，对创始股东大为有利。

十八、约束回购的条件

（一）约束投资人行使回购权的时间

触发回购的情形出现时，投资人有权选择"激活"其与回购义务人间的股权转让法律关系，该权利系形成权。与请求支付回购款的债权请求权不同，后者适用三年诉讼时效，且存在中止情形。而依据形成权性质，投资人选择行使股权回购权受到的是除斥期间限制，依法属于不变期间，不得中止、中断或延长。这意味着一旦期间经过，投资人的权利就将消灭。因此，如何利用该期间对投资人形成约束，更为重要。

然而实践中，大多数投资协议忽略了就投资人选择行使股权回购权的时间限制进行约定。与诉讼时效不同，法律目前并未就除斥期间的具体时间作出一般性规定，导致问题的关键变成了如何确定对应的除斥期间或所谓的"合理期限"。法院在个案中就这一问题具有自由裁量的空间，通常需要结合具体的交易背景、合同的履行状况，以及目标公司的经营情况综合判断。

为使投资人回购权的行使受到明确可预期的期限限制，建议创始股东在协议中明确投资人在回购条件成就时应行使回购权的时间期限，并尽量将时间缩短，如投资人应在3个自然月内以书面形式要求回购义务人履行回购义务，否则视为放弃回购权。

（二）约束回购价款的支付方式

另外，创始股东也可以在回购款的支付方式上，争取采用分期付款的方式，如将一次性支付回购价款变更为五年内分期支付。如此可将主动权掌握在自己手上，避免一次性支付全部回购款的巨额经济压力，也为寻求下一个投资人合作预留充足的时间。

十九、如何应对投资人的控制性条款？

控制性条款之检查权：

由于投资人不如创始股东了解目标公司以及公司所处的赛道，为尽可能控制目标公司未来发展的不确定性，减少信息不对称的风险，投资人通常还会在协议中设置检查权条款，作为其了解公司真实经营情况的重要途径，尽可能确保资金安全并最大限度地获得投资回报。

对于检查权，各方博弈的焦点在于，检查权的范围，即有权查什么。

根据《公司法》（2023年修订）第五十七条规定："股东有权查阅、复制公司章程、股东名册、股东会会议记录、董事会会议决议、监事会会议决议和财务会计报告。股东可以要求查阅公司会计账簿、会计凭证。股东要求查阅公司会计账簿、会计凭证的，应当向公司提出书面请求，说明目的。公司有合理根据认为股东查阅会计账簿、会计凭证有不正当目的，可能损害公司合法利益的，可以拒绝提供查阅，并应当自股东提出书面请求之日起十五日内书面答复股东并说明理由。公司拒绝提供查阅的，股东可以向人民法院提起诉讼。股东查阅前款规定的材料，可以委托会计师事务所、律师事务所等中介机构进行。股东及其委托的会计师事务所、律师事务所等中介机构查阅、复制有关材料，应当遵守有关保护国家秘密、商业秘密、个人隐私、个人信息等法律、行政法规的规定。股东要求查阅、复制公司全资子公司相关材料的，适用前四款的规定。"

由此可见，财务会计报告和会计账簿是股东有权检查的内容。那么，与会计账簿记载内容相关的原始凭证或记账凭证等材料，是否在检查权的范围内呢？

就股东检查权的立法目的而言，公司的具体经营活动只有通过查阅原始凭证才能知晓；不查阅原始凭证，中小股东可能就无法准确了解公司真正的经营状况，因此股东检查权的范围理应及于原始凭证。然而，实践中却极易产生争议，原因在于严格按照《最高人民法院关于适用〈中华人民共和国公司法〉若干问题的规定（四）》（以下简称《公司法解释（四）》）第七条的规定，股东查阅记账凭证或原始凭证的权利应在公司章程中作出明确的特殊安排，否则存在不被法院支持的可能。

这个问题，无论是对投资者还是创始股东，都非常重要。如果创始股东能够尽可能在条款中约定投资者的检查权仅能查到会计账簿，那么在应对投资人提出的查阅原始凭证请求时，其将处于更主动的地位。同时建议创始人还应注意在协议中明确，投资者检查权的行使，不得影响公司的正常运营，避免因为行使检查权致使公司业务无法正常开展、商业秘密泄露等损害公司权益的情况发生。

此外，为了维护公司的利益，《公司法解释（四）》还规定了股东行使知情权应承担保守商业秘密的义务，该义务及于辅助性专业人士，如会计师、律师。依照此司法解释，在投资协议中明确约定投资者的保密义务和公司的赔偿请求权，也是对公司和创始股东的一种保护。

二十、如何应对"领售权"及"跟售权"条款？

我们可以看到，领售权和跟售权条款对于创始股东而言，都很难接受，却又是投资者强势要求保留的条款。因此实务中，为创始股东提出如下建议：

（一）明确投资者拟跟售或创始股东应跟售的股权比例限额

项目中一般按照投资者或创始股东持股比例计算。就跟售权条款而言，可以约定如可跟售股权比例限额＝创始股东拟转股权×［投资者对公司的股权比例÷（投资者对公司的股权比例＋创始股东对公司的股权比例）］。

（二）争取排除领售权或跟售权条款适用的条件

在投融资谈判中，想直接删除合同中的条款是很困难的，但换个思路，保留权利的同时限制其行使，这种方式往往可以被投资者接受。比如，约定创始股东对外转让的股权比例不超过持有公司股权比例3%（含本数）时，投资者享有的跟售权不适用。根据这个约定，创始股东出售3%以内股权时，将不会触发跟售权条款。

（三）增加限制投资者行使领售权或跟售权的条件

为投资者行使领售权或跟售权增加一定限制条件，也不失为创始股东应对此类条款的有效途径。比如说，创始股东可以要求只有持有三分之二以上股权的股东同意才能触发领售权，或者拟收购方对公司的估值要超过本轮投后估值的两倍，抑或设置时间限制条件，要求本轮融资完成之日起5年后，才能启动领售权条款。此外，还可以设置以特定的书面形式履行领售权条款项下的通知义务等。这将在一定程度上避免领售权或跟售权条款的直接适用，增加投资者适用的成本与难度，进而保障创始股东和公司的权益。

附件三

上市公司股权激励管理办法

（2016年5月4日中国证券监督管理委员会2016年第6次主席办公会议审议通过 根据2018年8月15日中国证券监督管理委员会《关于修改〈上市公司股权激励管理办法〉的决定》修正）

第一章 总 则

第一条 为进一步促进上市公司建立健全激励与约束机制，依据《中华人民共和国公司法》（以下简称《公司法》）、《中华人民共和国证券法》（以下简称《证券法》）及其他法律、行政法规的规定，制定本办法。

第二条 本办法所称股权激励是指上市公司以本公司股票为标的，对其董事、高级管理人员及其他员工进行的长期性激励。

上市公司以限制性股票、股票期权实行股权激励的，适用本办法；以法律、行政法规允许的其他方式实行股权激励的，参照本办法有关规定执行。

第三条 上市公司实行股权激励，应当符合法律、行政法规、本办法和公司章程的规定，有利于上市公司的持续发展，不得损害上市公司利益。

上市公司的董事、监事和高级管理人员在实行股权激励中应当诚实守信，勤勉尽责，维护公司和全体股东的利益。

第四条 上市公司实行股权激励，应当严格按照本办法和其他相关规定的要求履行信息披露义务。

第五条 为上市公司股权激励计划出具意见的证券中介机构和人员，应当诚实守信、勤勉尽责，保证所出具的文件真实、准确、完整。

第六条 任何人不得利用股权激励进行内幕交易、操纵证券市场等违法活动。

第二章 一般规定

第七条 上市公司具有下列情形之一的，不得实行股权激励：

（一）最近一个会计年度财务会计报告被注册会计师出具否定意见或者无法表示意见的审计报告；

（二）最近一个会计年度财务报告内部控制被注册会计师出具否定意见或无法表示意见的审计报告；

（三）上市后最近36个月内出现过未按法律法规、公司章程、公开承诺进行利润分配的情形；

（四）法律法规规定不得实行股权激励的；

（五）中国证监会认定的其他情形。

第八条 激励对象可以包括上市公司的董事、高级管理人员、核心技术人员或者核心业务人员，以及公司认为应当激励的对公司经营业绩和未来发展有直接影响的其他员工，但不应当包括独立董事和监事。外籍员工任职上市公司董事、高级管理人员、核心技术人员或者核心业务人员的，可以成为激励对象。

单独或合计持有上市公司5%以上股份的股东或实际控制人及其配偶、父母、子女，不得成为激励对象。下列人员也不得成为激励对象：

（一）最近12个月内被证券交易所认定为不适当人选的；

（二）最近12个月内被中国证监会及其派出机构认定为不适当人选的；

（三）最近12个月内因重大违法违规行为被中国证监会及其派出机构行政处罚或者采取市场禁入措施；

（四）具有《公司法》规定的不得担任公司董事、高级管理人员情形的；

（五）法律法规规定不得参与上市公司股权激励的；

（六）中国证监会认定的其他情形。

第九条 上市公司依照本办法制定股权激励计划的，应当在股权激励计划中载明下列事项：

（一）股权激励的目的。

（二）激励对象的确定依据和范围。

（三）拟授出的权益数量，拟授出权益涉及的标的股票种类、来源、数量及占上市公司股本总额的百分比；分次授出的，每次拟授出的权益数量、涉及的标的股票数量及占股权激励计划涉及的标的股票总额的百分比、占上市公司股本总额的百分比；设置预留权益的，拟预留权益的数量、涉及标的股票数量及占股权激励计划的标的股票总额的百分比。

（四）激励对象为董事、高级管理人员的，其各自可获授的权益数量、占股权激励计划拟授出权益总量的百分比；其他激励对象（各自或者按适当分类）的姓名、职务、可获授的权益数量及占股权激励计划拟授出权益总量的百分比。

（五）股权激励计划的有效期，限制性股票的授予日、限售期和解除限售安排，股票期权的授权日、可行权日、行权有效期和行权安排。

（六）限制性股票的授予价格或者授予价格的确定方法，股票期权的行权价格或者行权价格的确定方法。

（七）激励对象获授权益、行使权益的条件。

（八）上市公司授出权益、激励对象行使权益的程序。

（九）调整权益数量、标的股票数量、授予价格或者行权价格的方法和程序。

（十）股权激励会计处理方法、限制性股票或股票期权公允价值的确定方法、涉及估值模型重要参数取值合理性、实施股权激励应当计提费用及对上市公司经营业绩的影响。

（十一）股权激励计划的变更、终止。

（十二）上市公司发生控制权变更、合并、分立以及激励对象发生职务变更、离职、死亡等事项时股权激励计划的执行。

（十三）上市公司与激励对象之间相关纠纷或争端解决机制。

（十四）上市公司与激励对象的其他权利义务。

第十条 上市公司应当设立激励对象获授权益、行使权益的条件。拟分次授出权益的，应当就每次激励对象获授权益分别设立条件；分期行权的，应当就每次激励对象行使权益分别设立条件。

激励对象为董事、高级管理人员的，上市公司应当设立绩效考核指标作为激励对象行使权益的条件。

第十一条 绩效考核指标应当包括公司业绩指标和激励对象个人绩效指标。相关指标应当客观公开、清晰透明，符合公司的实际情况，有利于促进公司竞争力的提升。

上市公司可以公司历史业绩或同行业可比公司相关指标作为公司业绩指标对照依据，公司选取的业绩指标可以包括净资产收益率、每股收益、每股分红等能够反映股东回报和公司价值创造的综合性指标，以及净利润增长率、主营业务收入增长率等能够反映公司盈利能力和市场价值的成长性指标。以同行业可比公司相关指标作为对照依据的，选取的对照公司不少于3家。

激励对象个人绩效指标由上市公司自行确定。

上市公司应当在公告股权激励计划草案的同时披露所设定指标的科学性和合理性。

第十二条 拟实行股权激励的上市公司，可以下列方式作为标的股票来源：

（一）向激励对象发行股份；

（二）回购本公司股份；

（三）法律、行政法规允许的其他方式。

第十三条 股权激励计划的有效期从首次授予权益日起不得超过10年。

第十四条 上市公司可以同时实行多期股权激励计划。同时实行多期股权激励计划的，各期激励计划设立的公司业绩指标应当保持可比性，后期激励计划的公司业绩指标低于前期激励计划的，上市公司应当充分说明其原因与合理性。

上市公司全部在有效期内的股权激励计划所涉及的标的股票总数累计不得超过公司股本总额的10%。非经股东大会特别决议批准，任何一名激励对象通过全部在有效期内的股权激励计划获授的本公司股票，累计不得超过公司股本总额的1%。

本条第二款所称股本总额是指股东大会批准最近一次股权激励计划时公司已发行的股本总额。

第十五条 上市公司在推出股权激励计划时，可以设置预留权益，预留比例不得超过本次股权激励计划拟授予权益数量的20%。

上市公司应当在股权激励计划经股东大会审议通过后12个月内明确预留权益的授予对象；超过12个月未明确激励对象的，预留权益失效。

第十六条 相关法律、行政法规、部门规章对上市公司董事、高级管理人员买卖本公司股票的期间有限制的，上市公司不得在相关限制期间内向激励对象授出限制性股票，激励对象也不得行使权益。

第十七条 上市公司启动及实施增发新股、并购重组、资产注入、发行可转债、发行公司债券等重大事项期间，可以实行股权激励计划。

第十八条 上市公司发生本办法第七条规定的情形之一的，应当终止实施股权激励计划，不得向激励对象继续授予新的权益，激励对象根据股权激励计划已获授但尚未行使的权益应当终止行使。

在股权激励计划实施过程中，出现本办法第八条规定的不得成为激励对象情形的，上市公司不得继续授予其权益，其已获授但尚未行使的权益应当终止行使。

第十九条　激励对象在获授限制性股票或者对获授的股票期权行使权益前后买卖股票的行为，应当遵守《证券法》、《公司法》等相关规定。

上市公司应当在本办法第二十条规定的协议中，就前述义务向激励对象作出特别提示。

第二十条　上市公司应当与激励对象签订协议，确认股权激励计划的内容，并依照本办法约定双方的其他权利义务。

上市公司应当承诺，股权激励计划相关信息披露文件不存在虚假记载、误导性陈述或者重大遗漏。

所有激励对象应当承诺，上市公司因信息披露文件中有虚假记载、误导性陈述或者重大遗漏，导致不符合授予权益或行使权益安排的，激励对象应当自相关信息披露文件被确认存在虚假记载、误导性陈述或者重大遗漏后，将由股权激励计划所获得的全部利益返还公司。

第二十一条　激励对象参与股权激励计划的资金来源应当合法合规，不得违反法律、行政法规及中国证监会的相关规定。

上市公司不得为激励对象依股权激励计划获取有关权益提供贷款以及其他任何形式的财务资助，包括为其贷款提供担保。

第三章　限制性股票

第二十二条　本办法所称限制性股票是指激励对象按照股权激励计划规定的条件，获得的转让等部分权利受到限制的本公司股票。

限制性股票在解除限售前不得转让、用于担保或偿还债务。

第二十三条　上市公司在授予激励对象限制性股票时，应当确定授予价格或授予价格的确定方法。授予价格不得低于股票票面金额，且原则上不得低于下列价格较高者：

（一）股权激励计划草案公布前 1 个交易日的公司股票交易均价的 50%；

（二）股权激励计划草案公布前 20 个交易日、60 个交易日或者 120 个交易日的公司股票交易均价之一的 50%。

上市公司采用其他方法确定限制性股票授予价格的，应当在股权激励计划中对定价依据及定价方式作出说明。

第二十四条 限制性股票授予日与首次解除限售日之间的间隔不得少于 12 个月。

第二十五条 在限制性股票有效期内，上市公司应当规定分期解除限售，每期时限不得少于 12 个月，各期解除限售的比例不得超过激励对象获授限制性股票总额的 50%。

当期解除限售的条件未成就的，限制性股票不得解除限售或递延至下期解除限售，应当按照本办法第二十六条规定处理。

第二十六条 出现本办法第十八条、第二十五条规定情形，或者其他终止实施股权激励计划的情形或激励对象未达到解除限售条件的，上市公司应当回购尚未解除限售的限制性股票，并按照《公司法》的规定进行处理。

对出现本办法第十八条第一款情形负有个人责任的，或出现本办法第十八条第二款情形的，回购价格不得高于授予价格；出现其他情形的，回购价格不得高于授予价格加上银行同期存款利息之和。

第二十七条 上市公司应当在本办法第二十六条规定的情形出现后及时召开董事会审议回购股份方案，并依法将回购股份方案提交股东大会批准。回购股份方案包括但不限于以下内容：

（一）回购股份的原因；

（二）回购股份的价格及定价依据；

（三）拟回购股份的种类、数量及占股权激励计划所涉及的标的股票的比例、占总股本的比例；

（四）拟用于回购的资金总额及资金来源；

（五）回购后公司股本结构的变动情况及对公司业绩的影响。

律师事务所应当就回购股份方案是否符合法律、行政法规、本办法的规定和股权激励计划的安排出具专业意见。

第四章　股票期权

第二十八条　本办法所称股票期权是指上市公司授予激励对象在未来一定期限内以预先确定的条件购买本公司一定数量股份的权利。

激励对象获授的股票期权不得转让、用于担保或偿还债务。

第二十九条　上市公司在授予激励对象股票期权时，应当确定行权价格或者行权价格的确定方法。行权价格不得低于股票票面金额，且原则上不得低于下列价格较高者：

（一）股权激励计划草案公布前 1 个交易日的公司股票交易均价；

（二）股权激励计划草案公布前 20 个交易日、60 个交易日或者 120 个交易日的公司股票交易均价之一。

上市公司采用其他方法确定行权价格的，应当在股权激励计划中对定价依据及定价方式作出说明。

第三十条　股票期权授权日与获授股票期权首次可行权日之间的间隔不得少于 12 个月。

第三十一条　在股票期权有效期内，上市公司应当规定激励对象分期行权，每期时限不得少于 12 个月，后一行权期的起算日不得早于前一行权期的届满日。每期可行权的股票期权比例不得超过激励对象获授股票期权总额的 50%。

当期行权条件未成就的，股票期权不得行权或递延至下期行权，并应当按照本办法第三十二条第二款规定处理。

第三十二条　股票期权各行权期结束后，激励对象未行权的当期股票期权应当终止行权，上市公司应当及时注销。

出现本办法第十八条、第三十一条规定情形，或者其他终止实施股权激励计划的情形或激励对象不符合行权条件的，上市公司应当注销对应的股票期权。

第五章　实施程序

第三十三条　上市公司董事会下设的薪酬与考核委员会负责拟订股权激励计划草案。

第三十四条　上市公司实行股权激励，董事会应当依法对股权激励计划草案作出决议，拟作为激励对象的董事或与其存在关联关系的董事应当回避表决。

董事会审议本办法第四十六条、第四十七条、第四十八条、第四十九条、第五十条、第五十一条规定中有关股权激励计划实施的事项时，拟作为激励对象的董事或与其存在关联关系的董事应当回避表决。

董事会应当在依照本办法第三十七条、第五十四条的规定履行公示、公告程序后，将股权激励计划提交股东大会审议。

第三十五条　独立董事及监事会应当就股权激励计划草案是否有利于上市公司的持续发展，是否存在明显损害上市公司及全体股东利益的情形发表意见。

独立董事或监事会认为有必要的，可以建议上市公司聘请独立财务顾问，对股权激励计划的可行性、是否有利于上市公司的持续发展、是否损害上市公司利益以及对股东利益的影响发表专业意见。上市公司未按照建议聘请独立财务顾问的，应当就此事项作特别说明。

第三十六条 上市公司未按照本办法第二十三条、第二十九条定价原则，而采用其他方法确定限制性股票授予价格或股票期权行权价格的，应当聘请独立财务顾问，对股权激励计划的可行性、是否有利于上市公司的持续发展、相关定价依据和定价方法的合理性、是否损害上市公司利益以及对股东利益的影响发表专业意见。

第三十七条 上市公司应当在召开股东大会前，通过公司网站或者其他途径，在公司内部公示激励对象的姓名和职务，公示期不少于10天。

监事会应当对股权激励名单进行审核，充分听取公示意见。上市公司应当在股东大会审议股权激励计划前5日披露监事会对激励名单审核及公示情况的说明。

第三十八条 上市公司应当对内幕信息知情人在股权激励计划草案公告前6个月内买卖本公司股票及其衍生品种的情况进行自查，说明是否存在内幕交易行为。

知悉内幕信息而买卖本公司股票的，不得成为激励对象，法律、行政法规及相关司法解释规定不属于内幕交易的情形除外。

泄露内幕信息而导致内幕交易发生的，不得成为激励对象。

第三十九条 上市公司应当聘请律师事务所对股权激励计划出具法律意见书，至少对以下事项发表专业意见：

（一）上市公司是否符合本办法规定的实行股权激励的条件；

（二）股权激励计划的内容是否符合本办法的规定；

（三）股权激励计划的拟订、审议、公示等程序是否符合本办法的规定；

（四）股权激励对象的确定是否符合本办法及相关法律法规的规定；

（五）上市公司是否已按照中国证监会的相关要求履行信息披露义务；

（六）上市公司是否为激励对象提供财务资助；

（七）股权激励计划是否存在明显损害上市公司及全体股东利益和违反有关法律、行政法规的情形；

（八）拟作为激励对象的董事或与其存在关联关系的董事是否根据本办法的规定进行了回避；

（九）其他应当说明的事项。

第四十条 上市公司召开股东大会审议股权激励计划时，独立董事应当就股权激励计划向所有的股东征集委托投票权。

第四十一条 股东大会应当对本办法第九条规定的股权激励计划内容进行表决，并经出席会议的股东所持表决权的 2/3 以上通过。除上市公司董事、监事、高级管理人员、单独或合计持有上市公司 5%以上股份的股东以外，其他股东的投票情况应当单独统计并予以披露。

上市公司股东大会审议股权激励计划时，拟为激励对象的股东或者与激励对象存在关联关系的股东，应当回避表决。

第四十二条 上市公司董事会应当根据股东大会决议，负责实施限制性股票的授予、解除限售和回购以及股票期权的授权、行权和注销。

上市公司监事会应当对限制性股票授予日及期权授予日激励对象名单进行核实并发表意见。

第四十三条 上市公司授予权益与回购限制性股票、激励对象行使权益前，上市公司应当向证券交易所提出申请，经证券交易所确认后，由证券登记结算机构办理登记结算事宜。

第四十四条 股权激励计划经股东大会审议通过后，上市公司应当在 60 日内授予权益并完成公告、登记；有获授权益条件的，应当在条件成就后 60 日内授出权益并完成公告、登记。上市公司未能在 60 日内完成上述工作的，应当及时披露未完成的原因，并宣告终止实施股权激励，自公告之日起3个月内不得再次审议股权激励计划。根据本办法规定上市公司不得授出权益的期间不计算在60日内。

第四十五条 上市公司应当按照证券登记结算机构的业务规则，在证券登记结算机构开设证券账户，用于股权激励的实施。

激励对象为外籍员工的，可以向证券登记结算机构申请开立证券账户。

尚未行权的股票期权，以及不得转让的标的股票，应当予以锁定。

第四十六条 上市公司在向激励对象授出权益前，董事会应当就股权激励计划设定的激励对象获授权益的条件是否成就进行审议，独立董事及监事会应当同时发表明确意见。律师事务所应当对激励对象获授权益的条件是否成就出具法律意见。

上市公司向激励对象授出权益与股权激励计划的安排存在差异时，独立董事、监事会（当激励对象发生变化时）、律师事务所、独立财务顾问（如有）应当同时发表明确意见。

第四十七条 激励对象在行使权益前，董事会应当就股权激励计划设定的激励对象行使权益的条件是否成就进行审议，独立董事及监事会应当同时发表明确意见。律师事务所应当对激励对象行使权益的条件是否成就出具法律意见。

第四十八条 因标的股票除权、除息或者其他原因需要调整权益价格或者数量的，上市公司董事会应当按照股权激励计划规定的原则、方式和程序进行调整。

律师事务所应当就上述调整是否符合本办法、公司章程的规定和股权激励计划的安排出具专业意见。

第四十九条 分次授出权益的，在每次授出权益前，上市公司应当召开董事会，按照股权激励计划的内容及首次授出权益时确定的原则，决定授出的权益价格、行使权益安排等内容。

当次授予权益的条件未成就时，上市公司不得向激励对象授予权益，未授予的权益也不得递延下期授予。

第五十条 上市公司在股东大会审议通过股权激励方案之前可对其进行变更。变更需经董事会审议通过。

上市公司对已通过股东大会审议的股权激励方案进行变更的，应当及时公告并提交股东大会审议，且不得包括下列情形：

（一）导致加速行权或提前解除限售的情形；

（二）降低行权价格或授予价格的情形。

独立董事、监事会应当就变更后的方案是否有利于上市公司的持续发展，是否存在明显损害上市公司及全体股东利益的情形发表独立意见。律师事务所应当就变更后的方案是否符合本办法及相关法律法规的规定、是否存在明显损害上市公司及全体股东利益的情形发表专业意见。

第五十一条 上市公司在股东大会审议股权激励计划之前拟终止实施股权激励的，需经董事会审议通过。

上市公司在股东大会审议通过股权激励计划之后终止实施股权激励的，应当由股东大会审议决定。

律师事务所应当就上市公司终止实施激励是否符合本办法及相关法律法规的规定、是否存在明显损害上市公司及全体股东利益的情形发表专业意见。

第五十二条 上市公司股东大会或董事会审议通过终止实施股权激励计划决议，或者股东大会审议未通过股权激励计划的，自决议公告之日起3个月内，上市公司不得再次审议股权激励计划。

第六章　信息披露

第五十三条 上市公司实行股权激励，应当真实、准确、完整、及时、公平地披露或者提供信息，不得有虚假记载、误导性陈述或者重大遗漏。

第五十四条 上市公司应当在董事会审议通过股权激励计划草案后，及时公告董事会决议、股权激励计划草案、独立董事意见及监事会意见。

上市公司实行股权激励计划依照规定需要取得有关部门批准的，应当在取得有关批复文件后的2个交易日内进行公告。

第五十五条 股东大会审议股权激励计划前，上市公司拟对股权激励方案进行变更的，变更议案经董事会审议通过后，上市公司应当及时披露董事会决议公告，同时披露变更原因、变更内容及独立董事、监事会、律师事务所意见。

第五十六条 上市公司在发出召开股东大会审议股权激励计划的通知时，应当同时公告法律意见书；聘请独立财务顾问的，还应当同时公告独立财务顾问报告。

第五十七条 股东大会审议通过股权激励计划及相关议案后，上市公司应当及时披露股东大会决议公告、经股东大会审议通过的股权激励计划、以及内幕信息知情人买卖本公司股票情况的自查报告。股东大会决议公告中应当包括中小投资者单独计票结果。

第五十八条 上市公司分次授出权益的，分次授出权益的议案经董事会审议通过后，上市公司应当及时披露董事会决议公告，对拟授出的权益价格、行使权益安排、是否符合股权激励计划的安排等内容进行说明。

第五十九条 因标的股票除权、除息或者其他原因调整权益价格或者数量的，调整议案经董事会审议通过后，上市公司应当及时披露董事会决议公告，同时公告律师事务所意见。

第六十条 上市公司董事会应当在授予权益及股票期权行权登记完成后、限制性股票解除限售前，及时披露相关实施情况的公告。

第六十一条 上市公司向激励对象授出权益时，应当按照本办法第四十四条规定履行信息披露义务,并再次披露股权激励会计处理方法、公允价值确定方法、涉及估值模型重要参数取值的合理性、实施股权激励应当计提的费用及对上市公司业绩的影响。

第六十二条 上市公司董事会按照本办法第四十六条、第四十七条规定对激励对象获授权益、行使权益的条件是否成就进行审议的,上市公司应当及时披露董事会决议公告,同时公告独立董事、监事会、律师事务所意见以及独立财务顾问意见(如有)。

第六十三条 上市公司董事会按照本办法第二十七条规定审议限制性股票回购方案的,应当及时公告回购股份方案及律师事务所意见。回购股份方案经股东大会批准后,上市公司应当及时公告股东大会决议。

第六十四条 上市公司终止实施股权激励的,终止实施议案经股东大会或董事会审议通过后,上市公司应当及时披露股东大会决议公告或董事会决议公告,并对终止实施股权激励的原因、股权激励已筹划及实施进展、终止实施股权激励对上市公司的可能影响等作出说明,并披露律师事务所意见。

第六十五条 上市公司应当在定期报告中披露报告期内股权激励的实施情况,包括:

(一)报告期内激励对象的范围;

(二)报告期内授出、行使和失效的权益总额;

(三)至报告期末累计已授出但尚未行使的权益总额;

(四)报告期内权益价格、权益数量历次调整的情况以及经调整后的最新权益价格与权益数量;

(五)董事、高级管理人员各自的姓名、职务以及在报告期内历次获授、行使权益的情况和失效的权益数量;

(六)因激励对象行使权益所引起的股本变动情况;

(七)股权激励的会计处理方法及股权激励费用对公司业绩的影响;

（八）报告期内激励对象获授权益、行使权益的条件是否成就的说明；

（九）报告期内终止实施股权激励的情况及原因。

第七章　监督管理

第六十六条　上市公司股权激励不符合法律、行政法规和本办法规定，或者上市公司未按照本办法、股权激励计划的规定实施股权激励的，上市公司应当终止实施股权激励，中国证监会及其派出机构责令改正，并书面通报证券交易所和证券登记结算机构。

第六十七条　上市公司未按照本办法及其他相关规定披露股权激励相关信息或者所披露的信息有虚假记载、误导性陈述或者重大遗漏的，中国证监会及其派出机构对公司及相关责任人员采取责令改正、监管谈话、出具警示函等监管措施；情节严重的，依照《证券法》予以处罚；涉嫌犯罪的，依法移交司法机关追究刑事责任。

第六十八条　上市公司因信息披露文件有虚假记载、误导性陈述或者重大遗漏，导致不符合授予权益或行使权益安排的，未行使权益应当统一回购注销，已经行使权益的，所有激励对象应当返还已获授权益。对上述事宜不负有责任的激励对象因返还已获授权益而遭受损失的，可按照股权激励计划相关安排，向上市公司或负有责任的对象进行追偿。

董事会应当按照前款规定和股权激励计划相关安排收回激励对象所得收益。

第六十九条　上市公司实施股权激励过程中，上市公司独立董事及监事未按照本办法及相关规定履行勤勉尽责义务的，中国证监会及其派出机构采取责令改正、监管谈话、出具警示函、认定为不适当人选等措施；情节严重的，依照《证券法》予以处罚；涉嫌犯罪的，依法移交司法机关追究刑事责任。

第七十条 利用股权激励进行内幕交易或者操纵证券市场的,中国证监会及其派出机构依照《证券法》予以处罚;情节严重的,对相关责任人员实施市场禁入等措施;涉嫌犯罪的,依法移交司法机关追究刑事责任。

第七十一条 为上市公司股权激励计划出具专业意见的证券服务机构和人员未履行勤勉尽责义务,所发表的专业意见存在虚假记载、误导性陈述或者重大遗漏的,中国证监会及其派出机构对相关机构及签字人员采取责令改正、监管谈话、出具警示函等措施;情节严重的,依照《证券法》予以处罚;涉嫌犯罪的,依法移交司法机关追究刑事责任。

第八章 附 则

第七十二条 本办法下列用语具有如下含义:

标的股票:指根据股权激励计划,激励对象有权获授或者购买的上市公司股票。

权益:指激励对象根据股权激励计划获得的上市公司股票、股票期权。

授出权益(授予权益、授权):指上市公司根据股权激励计划的安排,授予激励对象限制性股票、股票期权的行为。

行使权益(行权):指激励对象根据股权激励计划的规定,解除限制性股票的限售、行使股票期权购买上市公司股份的行为。

分次授出权益(分次授权):指上市公司根据股权激励计划的安排,向已确定的激励对象分次授予限制性股票、股票期权的行为。

分期行使权益(分期行权):指根据股权激励计划的安排,激励对象已获授的限制性股票分期解除限售、已获授的股票期权分期行权的行为。

预留权益:指股权激励计划推出时未明确激励对象、股权激励计划实施过程中确定激励对象的权益。

授予日或者授权日:指上市公司向激励对象授予限制性股票、股票期权的日期。授予日、授权日必须为交易日。

限售期：指股权激励计划设定的激励对象行使权益的条件尚未成就，限制性股票不得转让、用于担保或偿还债务的期间，自激励对象获授限制性股票完成登记之日起算。

可行权日：指激励对象可以开始行权的日期。可行权日必须为交易日。

授予价格：上市公司向激励对象授予限制性股票时所确定的、激励对象获得上市公司股份的价格。

行权价格：上市公司向激励对象授予股票期权时所确定的、激励对象购买上市公司股份的价格。

标的股票交易均价：标的股票交易总额/标的股票交易总量。

本办法所称的"以上"、"以下"含本数，"超过"、"低于"、"少于"不含本数。

第七十三条 国有控股上市公司实施股权激励，国家有关部门对其有特别规定的，应当同时遵守其规定。

第七十四条 本办法适用于股票在上海、深圳证券交易所上市的公司。

第七十五条 本办法自2016年8月13日起施行。原《上市公司股权激励管理办法（试行）》（证监公司字〔2005〕151号）及相关配套制度同时废止。

附件四

非上市公众公司监管指引第 6 号

——股权激励和员工持股计划的监管要求（试行）

为规范股票在全国中小企业股份转让系统（以下简称全国股转系统）公开转让的公众公司（以下简称挂牌公司）实施股权激励和员工持股计划，根据《公司法》《证券法》《国务院关于全国中小企业股份转让系统有关问题的决定》《非上市公众公司监督管理办法》（证监会令第 161 号，以下简称《公众公司办法》）等有关规定，明确监管要求如下：

一、股权激励

（一）挂牌公司实施股票期权、限制性股票等股权激励计划的，应当符合法律、行政法规、部门规章、本指引和公司章程的规定，有利于公司的持续发展，不得损害公司利益，并履行信息披露义务。

本指引所称股票期权是指挂牌公司授予激励对象在未来一定期限内以预先确定的条件购买本公司一定数量股份的权利；限制性股票是指激励对象按照股权激励计划规定的条件，获得的转让等部分权利受到限制的本公司股票。

挂牌公司实施股权激励，应当真实、准确、完整、及时、公平地披露信息，不得有虚假记载、误导性陈述或者重大遗漏。挂牌公司的董事、监事和高级管理人员在实施股权激励中应当诚实守信、勤勉尽责，维护公司和全体股东的利益。为股权激励出具意见的主办券商和相关人员，应当诚实守信、勤勉尽责，保证所出具的文件真实、准确、完整。

（二）激励对象包括挂牌公司的董事、高级管理人员及核心员工，但不应包括公司监事。挂牌公司聘任独立董事的，独立董事不得成为激励对象。

核心员工的认定应当符合《公众公司办法》的规定。

（三）拟实施股权激励的挂牌公司，可以下列方式作为标的股票来源：

1. 向激励对象发行股票；

2. 回购本公司股票；

3. 股东自愿赠与；

4. 法律、行政法规允许的其他方式。

（四）挂牌公司依照本指引制定股权激励计划的，应当在股权激励计划中载明下列事项：

1. 股权激励的目的；

2. 拟授出的权益数量，拟授出权益涉及的标的股票种类、来源、数量及占挂牌公司股本总额的百分比；

3. 激励对象的姓名、职务、可获授的权益数量及占股权激励计划拟授出权益总量的百分比；设置预留权益的，拟预留权益的数量、涉及标的股票数量及占股权激励计划的标的股票总额的百分比；

4. 股权激励计划的有效期，限制性股票的授予日、限售期和解除限售安排，股票期权的授权日、可行权日、行权有效期和行权安排；

5. 限制性股票的授予价格或者授予价格的确定方法，股票期权的行权价格或者行权价格的确定方法，以及定价合理性的说明；

6. 激励对象获授权益、行使权益的条件；

7. 挂牌公司授出权益、激励对象行使权益的程序；

8. 调整权益数量、标的股票数量、授予价格或者行权价格的方法和程序；

9. 绩效考核指标（如有），以及设定指标的科学性和合理性；

10. 股权激励会计处理方法、限制性股票或股票期权公允价值的确定方法、涉及估值模型重要参数取值合理性、实施股权激励应当计提费用及对挂牌公司经营业绩的影响；

11. 股权激励计划的变更、终止；

12. 挂牌公司发生控制权变更、合并、分立、终止挂牌以及激励对象发生职务变更、离职、死亡等事项时股权激励计划的执行；

13. 挂牌公司与激励对象之间相关纠纷或争端解决机制；

14. 挂牌公司与激励对象的其他权利义务。

本条所称的股本总额是指股东大会批准本次股权激励计划时已发行的股本总额。

（五）挂牌公司可以同时实施多期股权激励计划。同时实施多期股权激励计划的，挂牌公司应当充分说明各期激励计划设立的公司业绩指标的关联性。

挂牌公司全部在有效期内的股权激励计划所涉及的标的股票总数累计不得超过公司股本总额的 30%。

（六）挂牌公司应当合理设立激励对象获授权益、行使权益的条件，并就每次激励对象行使权益分别设立条件。

激励对象为董事、高级管理人员的，挂牌公司应当设立绩效考核指标作为激励对象行使权益的条件。绩效考核指标应当包括公司业绩指标和激励对象个人绩效指标。相关指标应当客观公开、清晰透明，符合公司的实际情况，有利于促进公司竞争力的提升。

权益行使前不得转让、用于担保或偿还债务。

（七）股权激励计划的有效期从首次授予权益日起不得超过 10 年。挂牌公司应当规定分期行使权益，激励对象获授权益与首次行使权益的间隔不少于12个月，每期时限不得少于12个月，各期行使权益的比例不得超过激励对象获授总额的50%。

股权激励计划预留权益的，预留比例不得超过本次股权激励计划拟授予权益数量的20%，并应当在股权激励计划经股东大会审议通过后12个月内明确预留权益的授予对象；超过12个月未明确激励对象的，预留权益失效。

（八）限制性股票的授予价格、股票期权的行权价格不得低于股票票面金额。

限制性股票的授予价格原则上不得低于有效的市场参考价的50%；股票期权的行权价格原则上不得低于有效的市场参考价。对授予价格、行权价格低于有效的市场参考价标准的，或采用其他方法确定授予价格、行权价格的，挂牌公司应当在股权激励计划中对定价依据及定价方法作出说明。主办券商应对股权激励计划的可行性、相关定价依据和定价方法的合理性、是否有利于公司持续发展、是否损害股东利益等发表意见。

（九）激励对象参与股权激励计划的资金来源应当合法合规，不得违反法律、行政法规、中国证监会及全国中小企业股份转让系统有限责任公司（以下简称全国股转公司）的相关规定。

挂牌公司不得为激励对象依股权激励计划获取有关权益提供贷款以及其他任何形式的财务资助，包括为其贷款提供担保等。

（十）挂牌公司应当与激励对象签订协议，确认股权激励计划的内容，并依照本指引约定双方的其他权利义务。

挂牌公司及其董事、监事、高级管理人员应当承诺，股权激励计划相关信息披露文件不存在虚假记载、误导性陈述或者重大遗漏。

所有激励对象应当承诺，公司因信息披露文件中有虚假记载、误导性陈述或者重大遗漏，导致不符合授予权益或者行使权益安排的，激励对象应当自相关信息披露文件被确认存在虚假记载、误导性陈述或者重大遗漏后，将由股权激励计划所获得的全部利益返还公司。

（十一）挂牌公司董事会负责提名股权激励对象、拟订股权激励计划草案，并就股权激励计划草案作出决议，经公示、披露后，提交股东大会审议。

主办券商应当对股权激励计划草案和挂牌公司、激励对象是否符合本指引及有关法律法规规定出具合法合规专项意见，并在召开关于审议股权激励计划的股东大会前披露。

挂牌公司应当在召开股东大会前，通过公司网站或者其他途径，将经董事会审议通过的激励名单向全体员工公示，公示期不少于10天。

挂牌公司监事会应当充分听取公示意见，在公示期后对股权激励名单进行审核，同时就股权激励计划是否有利于挂牌公司持续发展、是否有明显损害挂牌公司及全体股东利益的情形发表意见。挂牌公司聘任独立董事的，独立董事应当对上述事项发表意见。

挂牌公司股东大会就股权激励计划等股权激励事项作出决议，必须经出席会议的股东所持表决权的2/3以上通过，并及时披露股东大会决议。

（十二）挂牌公司董事会应当根据股东大会决议，实施限制性股票的授予、解除限售和回购以及股票期权的授权、行权和注销。

股权激励计划实施过程中，授出权益和行使权益前，董事会应当就股权激励计划设定的激励对象获授权益、行使权益的条件是否成就进行审议，监事会和主办券商应当发表明确意见。挂牌公司聘任独立董事的，独立董事应当对上述事项发表明确意见。

出现终止行使获授权益的情形，或者当期行使权益条件未成就的，不得行使权益或递延至下一期，相应权益应当回购或注销。回购应按《公司法》规定进行，并不得损害公司利益。

因标的股票除权、除息或者其他原因需要调整权益价格或者数量的，挂牌公司董事会应当按照规定的原则、方式和程序进行调整。

（十三）股权激励计划经股东大会审议通过后，挂牌公司应当在60日内授予权益并完成公告、登记；有获授权益条件的，应当在条件成就后60日内授出权益并完成公告、登记。挂牌公司未能在60日内完成上述工作的，应当及时披露未完成的原因，并宣告终止实施股权激励，自公告之日起3个月内不得再次审议股权激励计划。

（十四）挂牌公司在股东大会审议通过股权激励计划之前可进行变更，变更需经董事会审议通过。挂牌公司对已通过股东大会审议的股权激励计划进行变更的，应当及时公告并提交股东大会审议，且不得包括下列情形：

1. 新增加速行权或提前解除限售情形；
2. 降低行权价格或授予价格的情形。

监事会应当就变更后的方案是否有利于挂牌公司的持续发展，是否存在明显损害挂牌公司及全体股东利益的情形发表独立意见。挂牌公司聘任独立董事的，独立董事应当对上述事项发表意见。

挂牌公司在股东大会审议股权激励计划之前拟终止实施股权激励的，需经董事会审议通过。挂牌公司在股东大会审议通过股权激励计划之后终止实施股权激励的，应当由股东大会审议决定。

主办券商应当就挂牌公司变更方案或终止实施激励是否符合本指引及相关法律法规的规定、是否存在明显损害挂牌公司及全体股东利益的情形发表专业意见。

（十五）董事会、股东大会对股权激励计划事项作出决议时，拟作为激励对象的董事、股东及与其存在关联关系的董事、股东应当回避表决。

（十六）挂牌公司实施股权激励计划，应按照《公众公司办法》及相关文件的要求规范履行信息披露义务。

挂牌公司应当在年度报告中披露报告期内股权激励的实施情况：

1. 报告期内的激励对象；

2. 报告期内授出、行使和失效的权益总额；

3. 至报告期末累计已授出但尚未行使的权益总额；

4. 报告期内权益价格、权益数量历次调整的情况以及经调整后的最新权益价格与权益数量；

5. 董事、高级管理人员姓名、职务以及在报告期内历次获授、行使权益的情况和失效的权益数量；

6. 因激励对象行使权益所引起的股本变动情况；

7. 股权激励的会计处理方法及股权激励费用对公司业绩的影响；

8. 报告期内激励对象获授权益、行使权益的条件是否成就的说明；

9. 报告期内终止实施股权激励的情况及原因。

（十七）股权激励相关用语含义参照《上市公司股权激励管理办法》（证监会令第148号）附则的相关规定。

二、员工持股计划

（一）挂牌公司实施员工持股计划，应当建立健全激励约束长效机制，兼顾员工与公司长远利益，严格按照法律法规、规章及规范性文件要求履行决策程序，真实、准确、完整、及时地披露信息，不得以摊派、强行分配等方式强制员工参加持股计划。

员工持股计划的参与对象为已签订劳动合同的员工，包括管理层人员。参与持股计划的员工，与其他投资者权益平等，盈亏自负，风险自担。

（二）员工持股应以货币出资，并按约定及时足额缴纳，可以由员工合法薪酬和法律、行政法规允许的其他方式解决。

（三）员工持股计划可以通过以下方式解决股票来源：

1. 挂牌公司回购本公司股票；

2. 通过全国股转系统购买；

3. 认购定向发行股票；

4. 股东自愿赠与；

5. 法律、行政法规允许的其他方式。

其中向员工持股计划定向发行股票的，应当符合《证券法》《公众公司办法》的规定。

（四）挂牌公司实施员工持股计划，可以自行管理，也可以委托给具有资产管理资质的机构管理；员工持股计划在参与认购定向发行股票时，不穿透计算股东人数。

自行管理的，应当由公司员工通过直接持有公司制企业、合伙制企业的股份（份额）或者员工持股计划的相应权益进行间接持股，并建立健全持股在员工持股计划内部的流转、退出机制以及日常管理机制。自行管理的员工持股计划还应符合以下要求：自设立之日锁定至少36个月；股份锁定期间内，员工所持相关权益转让退出的，只能向员工持股计划内员工或其他符合条件的员工转让；股份锁定期满后，员工所持相关权益转让退出的，按照员工持股计划的约定处理。

委托给具有资产管理资质的机构管理的，持股期限应在12个月以上，并按照有关法律法规的规定在中国证券投资基金业协会备案。

参加员工持股计划的员工可通过员工持股计划持有人会议选出代表或设立相应机构，监督员工持股计划的日常管理，代表员工持股计划持有人行使股东权利或者授权资产管理机构行使股东权利。

（五）挂牌公司实施员工持股计划前，应当通过职工代表大会等组织充分征求员工意见。董事会提出员工持股计划草案并提交股东大会表决。员工持股计划拟选任的资产管理机构为公司股东或者股东关联方的，相关主体应当在股东大会表决时回避；员工持股计划涉及相关股东的，相关股东应当回避表决。

员工持股计划草案至少应包含如下内容：

1. 员工持股计划的参加对象及确定标准、资金与股票来源；

2. 员工持股计划的设立形式、存续期限、管理模式、持有人会议的召集及表决程序；

3. 员工持股计划的变更、终止，员工发生不适合参加持股计划情况时所持股份权益的处置办法；

4. 员工持股计划持有人代表或机构的选任程序；

5. 员工持股计划管理机构的选任、管理协议的主要条款、管理费用的计提及支付方式；

6. 员工持股计划期满后员工所持有股份的处置办法；

7. 其他重要事项。

监事会负责对拟参与对象进行核实，对员工持股计划是否有利于公司的持续发展，是否存在损害公司及全体股东利益，是否存在摊派、强行分配等方式强制员工参与员工持股计划等情形发表意见。挂牌公司聘任独立董事的，独立董事应当对上述事项发表意见。

主办券商应就员工持股计划草案出具合法合规专项意见，并在召开关于审议员工持股计划的股东大会前披露。

挂牌公司变更、终止员工持股计划，应当经持有人会议通过后，由董事会提交股东大会审议。

（六）挂牌公司应当规范履行信息披露义务，按照《公众公司办法》及相关文件的规定披露员工持股计划决策、设立、存续期间的相关信息。员工持股计划、参与员工应依法依规履行权益变动披露义务。

挂牌公司应当在年度报告中披露报告期内下列员工持股计划实施情况：

1. 报告期内持股员工的范围、人数；

2. 实施员工持股计划的资金来源；

3. 报告期内员工持股计划持有的股票总额及占公司股本总额的比例；

4. 因员工持股计划持有人处分权利引起的计划股份权益变动情况；

5. 资产管理机构的变更情况；

6. 其他应当予以披露的事项。

三、附则

（一）任何人不得利用实施股权激励、员工持股计划掌握相关信息的优势进行内幕交易、操纵市场等违法活动，侵害其他投资者合法权益。挂牌公司回购本公司股份用于股权激励、员工持股计划的，应当遵守《公司法》等相关要求，防范利用股份回购进行内幕交易、市场操纵、利益输送等违法活动。

（二）本指引自公布之日起施行。

后记：民营企业如何有效实施股权激励？

经过团队一年多的努力，历经策划、统筹、写稿、校对、审改，《公司股权杠杆战略：股权架构设计与股权激励实战》终于要和大家见面了。写书是一件很耗费精力的事情，有时需要推掉其他安排，而静心于书稿。即将成书之际，我们不禁自问，出书的目的和意义究竟何在？这不由得让我们想起曾经承办的一个具体案例。

2020年11月，我们接受上海一家液晶显示器Y公司的委托开展公司的股权激励项目。

Y公司的员工均来自X公司。彼时，X公司已成立超过十年，曾在液晶显示器市场占有率排名前三。2018年，X公司遭遇重大危机，因公司的大股东为其他公司的债务做担保，使得X公司被法院判决承担巨额债务。由此，X公司全部的资金被冻结，员工工资无法发放、供应商货款无法结算、土地被查封，就连公司在几年前业绩非常好的时候由员工集资购买的福利房也被法院查封（该福利房尚未交房，员工都还没有拿到产权）。

在司法程序介入后，现金流断裂的X公司丧失了继续存活的可能性。X公司的竞争对手们闻风而动，有的抢占X公司原先市场份额、有的直接挖X公司销售团队墙脚，甚至X公司销售经理直接带着手下几个销售人员去了竞争对手那里。这无疑给股东和当地政府出了难题，这样下去，X公司剩下的200多名员工该何去何从？

就在这时，X公司的原总经理挺身而出，与原股东和当地政府谈判，他愿意带着200多名员工"另起炉灶"继续在该行业内发展，与X公司在资产上完全独立，自负盈亏。于是，Y公司成立了。Y公司不仅接纳了原X公司愿意留下的员工，还计划进行股权激励，让 Y 公司真正成为一家"大家的公司"。

在这些复杂的情形下，Y 公司委托我们承做公司的股权激励项目。由于 X 公司已经进入破产程序，而 Y 公司又有意愿继续承接 X 公司老客户的订单及帮助完成 X 没有完成的订单。因此，我们先是通过一系列的法律文件将 Y 公司与 X 公司进行隔离，避开侵占 X 公司破产财产的法律风险，夯实了 Y 公司合法展业的基础。另外，Y 公司总经理最大的担心是即便股权激励工具再好，刚刚经历巨大变化的公司员工信心明显不足，会不会没有人愿意参加股权激励，哪怕价格再低，也没有人愿意花钱来买股权。我们由此面临的最大的挑战是，如何用股权工具激发员工的活力，重新把大家拧成一股绳。

我们的第一步工作，先是帮助公司快速确立了激励对象，8 名总监及部门经理，含销售部、人事部、财务部、研发部、技术部，5 名核心销售人员，共计 13 位。

第二步，面对面访谈。通过了对公司 13 名激励对象的访谈，增强了我们对公司背景信息的了解。

具体判断如下：一、公司的销售渠道、产品体系、组织架构都是完备的，客户对公司的服务能力、供应链体系比较认可。虽然突遭变故，但经过总经理的努力，原先核心的销售团队保留了下来，并争取来了几个大客户，靠这些大客户的订单养活公司现有人员没有问题。

二、员工虽然对公司表现出信心不足，但大部分员工对 X 公司有着深厚的感情。有些员工一毕业就进入 X 公司，有些员工已经在公司工作超过十年。十多年来，公司人员流动非常少。大家很自然地把对 X 公司的感情投注到了现在的 Y 公司上。因此，虽然内心仍有顾虑，但讲到公司股权激励的事情，超过 2/3 以上的被访谈者表示有兴趣，还想要继续在 Y 公司干一番事业。

三、公司内部的沟通成本太高，"部门墙"厚重，团队协作表现不佳。不少员工相互之间有情绪，有些情绪是对人的，但大多数是对事的，这种情绪无疑影响了组织整体的氛围，影响公司再创佳绩。

四、前线部门不能获得更好的内部资源支持，销售人员拿单存在顾虑。

经过前面的访谈和总结，我们发现了公司团队协作和组织发展中面临的问题，在制订正式的股权激励方案之前，决定先实施团队协作与绩效提升工作坊。

第三步，团队工作坊。通过工作坊找到团队协作的主要障碍并破除障碍，重塑员工信心并建立相互间的信任，统一组织与员工之间的心理契约，帮助梳理各部门的绩效目标，明确公司未来三年总体业绩目标。

第四步，确定目标并厘清每个人股权激励分配份额。这也是第二阶段工作坊的内容——绩效工作坊。我们给了白板，每个部门都写下最近的工作目标，同时，在制定部门业绩目标的时候，我们提出了"内部客户"的概念。公司明确了达成业绩目标首先要服务好客户、扩大市场占有率，销售部门无疑是实现这个目标的发动机，其他部门都应该是支持部门，服务好销售部门这个"内部客户"。这些支持部门制定部门业绩目标就应该围绕服务好"内部客户"展开。

相应地，各岗位的职责也发生了调整。例如，生产部门不再是被动等着销售部门的生产订单，而是主动根据所掌握的计划提醒销售部门哪些客户可以多拿点订单、哪些客户需要提前做交货期的协调。研发部门也应该主动跟着销售人员去客户一线，结合对市场的理解向客户提出更多的可行性方案，帮助销售部门拿单。当每个部门及支持人员都围绕"内部客户"需求，不断扩大自己服务边界的时候，责任就自然溢出边界，相互之间增加一份协同。增进部门了解与协同后，所有参与股权激励的人员开始根据各自的价值贡献打分，得出每个人的分值并据此结合个人意愿分配股权激励份额。

工作坊结束后，不仅各部门的绩效目标都清楚地制定出来，我们还向符合条件的员工放开了部分资金股的认购，金额为500万元。原本担心大家积极性不高、认购不满，结果意向认购的金额反而超过了500万元，员工对公司的信心得到极大的提升。

第五步，召开股权激励大会，签署相关法律文件。

有了前面工作的铺垫，签署达成共识的所需要的法律文件不过是水到渠成。根据项目需要，我们先将公司股东分为两类，即员工股东、生态链合伙股东。其中，员工股东放到持股平台，我们设计了全套法律文件，包括创始股东暨合伙人协议、股权份额代持协议、股权转让协议、财产份额转让协议、合伙人出资确认书、权益份额处置申请书及通知书。

我们还协助公司隆重召开股权激励大会，事前准备横幅、合伙人证书、蛋糕、需要签署的法律文件，进行会场布置。会议现场，王老师对整个股权激励的过程进行了复盘，公司的合伙人代表发表了感言。公司当场向被激励对象颁发了合伙人证书，他们除了在法律上成为公司员工持股平台的合伙人以外，在公司经营上也真正地把自己的命运与企业紧紧地绑定在了一起。

2022年5月，我们在撰写这篇后记时，获悉案例Y公司刚获准允许5月底复工，复工的员工暂时无法回到原居住地。在这种情况下，公司中高层、一线员工都主动不计回报地同意复工，公司的凝聚力进一步拓展和续延。困难是危，也是机，能够更好地锤炼和选拔队伍，前面做好的股权设计、股权激励工作，是一种战略，更是一种加持。

综上可以看出，股权设计及激励是一个复杂而系统的工程，它伴随着企业从萌芽到灭亡的过程，需要综合运用跨学科领域知识，包括法学、管理学、心理学、金融学等。所以，民营企业需要专业的顾问团队来帮助企业解决股权的一系列问题。

⑦从招聘到离职：HR必备的十大法律思维及劳动仲裁案例实操

书号：978-7-5216-1197-7

定价：59.00元

⑧企业劳动法实战问题解答精要

书号：978-7-5216-3601-7

定价：69.00元

G 企业合规管理法律实务指引系列

①企业合规必备法律法规汇编及典型案例指引

书号：978-7-5216-2692-6

定价：98.00元

②企业这样做不合规：企业合规风险经典案例精析

书号：978-7-5216-3225-5

定价：59.00元

③《数据安全合规实务》

ISBN：978-7-5216-2828-9

定价：66.00元

④《涉案企业合规实务操作指南：律师如何开展合规业务》

ISBN：978-7-5216-3373-3

定价：82.80元

WIN 企业法律与管理实务操作系列

①劳动合同法实务操作与案例精解【增订8版】

书号：978-7-5216-1228-8

定价：109.80元

②劳动争议实务操作与案例精解【增订6版】

书号：978-7-5216-2812-8

定价：79.80元

③人力资源管理合规实务操作进阶：风控精解与案例指引

书号：978-7-5216-1508-1

定价：78.00元

④企业裁员、调岗调薪、内部处罚、员工离职风险防范与指导【增订4版】

书号：978-7-5216-0045-2

定价：52.80元

⑤人力资源管理实用必备工具箱.rar：常用制度、合同、流程、表单示例与解读

书号：978-7-5216-1229-5

定价：119.80元

⑥全新劳动争议处理实务指引：常见问题、典型案例、实务操作、法规参考【增订3版】

书号：978-7-5216-0928-8

定价：66.00元

中国法制出版社管理与法律实用系列图书推荐

M&L 企业管理与法律实用系列

①劳动争议指导案例、典型案例与企业合规实务：纠纷解决、风险防范、合规经营、制度完善
书号：978-7-5216-3193-7
定价：138.00元

②首席合规官与企业合规师实务
书号：978-7-5216-3184-5
定价：138.00元

③工伤认定典型案例解析与实务指南
书号：978-7-5216-2758-9
定价：59.80元

④企业股权实务操作与案例精解
书号：978-7-5216-2678-0
定价：68.00元

企业人力资源管理与法律顾问实务指引丛书

①劳动争议高频问题裁判规则与类案集成
书号：978-7-5216-3180-7
定价：60.00元

②HR劳动争议案例精选与实务操作指引
书号：978-7-5216-2604-9
定价：69.00元

③人力资源法律风险防范体系：可视化流程指引和工具化落地方案
书号：978-7-5216-1842-6
定价：79.80元

④劳动争议案件35个胜诉策略及实务解析
书号：978-7-5216-1180-9
定价：88.00元

⑤人力资源数据分析师:HR量化管理与数据分析业务实操必备手册
书号：978-7-5216-2047-4
定价：68.00元

⑥管理者全程法律顾问
书号：978-7-5216-1201-1
定价：59.00元

虽然法律文件是股权设计的最后呈现，但股权设计及激励的多种运用场景都需要建立在合法合规的基础上。其中涉及的主要法律法规包括《中华人民共和国民法典》《中华人民共和国公司法》《中华人民共和国合伙企业法》《中华人民共和国劳动法》《中华人民共和国税法》《中华人民共和国证券法》《上市公司股权激励管理办法》及各类相关司法解释及指导文件等。另外，股权激励是企业管理中常用的激励工具，是帮助企业实现管理目标的手段。它涉及一系列具体的问题，如企业中的众多人才中究竟要激励哪些人？针对不同的激励对象，分别应采取怎样的激励政策？采取激励政策后，如何保证被激励的人才更加忠诚、更加有责任心地创造更大的业绩？被激励的对象如果不忠诚、没有足够的责任心、无法完成业绩目标，企业又将设计怎样的退出机制……所有这些又都是管理问题。同时，股权架构的搭建、股权激励的实施，都涉及与股东、合伙人、员工之间的沟通与平衡。通过与相关人员访谈，把握股东、合伙人、员工的核心需求，才能设计出行之有效的股权方案，这些都体现了心理学的应用。

当我们回头复盘这个案例，可以发现我们并没有一开始就关注股权激励方案本身，而是花大力气从源头上运用心理学、管理学上的方法论激活这个团队和组织，提升员工对团队和组织的信任，增强员工对团队和组织的承诺，为后续的股权激励实施打下了坚实的基础。

公司股权杠杆战略，理论源于实践，实践指导理论，这是我们出书的初衷，也是我们做好股权工作的原则。谢谢您的关注与支持！

陈元　王坤　夏冉　王以菲

图书在版编目（CIP）数据

公司股权杠杆战略：股权架构设计与股权激励实战 / 陈元，王坤主编；王以菲，夏冉副主编. -- 北京：中国法制出版社，2024.8

（企业管理与法律实用系列）

ISBN 978-7-5216-4466-1

Ⅰ. ①公… Ⅱ. ①陈… ②王… ③王… ④夏… Ⅲ. ①股权管理-公司法-研究-中国 Ⅳ. ①D922.291.914

中国国家版本馆 CIP 数据核字（2024）第 079592 号

策划编辑：杨智
责任编辑：刘悦　　　　　　　　　　　　　　　封面设计：周黎明

公司股权杠杆战略：股权架构设计与股权激励实战
GONGSI GUQUAN GANGGAN ZHANLÜE: GUQUAN JIAGOU SHEJI YU GUQUAN JILI SHIZHAN

主编/陈元，王坤
副主编/王以菲，夏冉
经销/新华书店
印刷/三河市紫恒印装有限公司
开本/730 毫米×1030 毫米　16 开　　　　　印张/ 15.25　字数/ 161 千
版次/2024 年 8 月第 1 版　　　　　　　　　2024 年 8 月第 1 次印刷

中国法制出版社出版
书号 ISBN 978-7-5216-4466-1　　　　　　　　　　　　　　定价：59.80 元

北京市西城区西便门西里甲 16 号西便门办公区
邮政编码：100053　　　　　　　　　　　　　传真：010-63141600
网址：http://www.zgfzs.com　　　　　　　　编辑部电话：010-63141816
市场营销部电话：010-63141612　　　　　　 印务部电话：010-63141606

（如有印装质量问题，请与本社印务部联系。）